南昌航空大学学术文库

江西省社会科学规划项目（16TQ07）资助

南昌航空大学"青年英才"计划资助

南昌航空大学创新创业课程培育项目（KCPY1638）资助

公共文化场馆
情境感知服务及应用研究
——以图书馆为例

周玲元／著

Research on context aware service and
application for public cultural venues
—Take library as an example

中国财经出版传媒集团

经济科学出版社
Economic Science Press

图书在版编目（CIP）数据

公共文化场馆情境感知服务及应用研究：以图书馆
为例/周玲元著．—北京：经济科学出版社，2018.7
ISBN 978 - 7 - 5141 - 9561 - 3

Ⅰ．①公…　Ⅱ．①周…　Ⅲ．①文化馆－公共服务－
研究－中国　Ⅳ．①G249.23

中国版本图书馆 CIP 数据核字（2018）第 168757 号

责任编辑：李　雪　边　江
责任校对：杨　海
责任印制：邱　天

公共文化场馆情境感知服务及应用研究
——以图书馆为例

周玲元　著

经济科学出版社出版、发行　新华书店经销
社址：北京市海淀区阜成路甲 28 号　邮编：100142
总编部电话：010 - 88191217　发行部电话：010 - 88191522
网址：www. esp. com. cn
电子邮件：esp@ esp. com. cn
天猫网店：经济科学出版社旗舰店
网址：http://jjkxcbs. tmall. com
固安华明印业有限公司印装
710×1000　16 开　11.5 印张　200000 字
2018 年 7 月第 1 版　2018 年 7 月第 1 次印刷
ISBN 978 - 7 - 5141 - 9561 - 3　定价：48.00 元
（图书出现印装问题，本社负责调换。电话：010 - 88191510）
（版权所有　侵权必究　打击盗版　举报热线：010 - 88191661
QQ：2242791300　营销中心电话：010 - 88191537
电子邮箱：dbts@ esp. com. cn）

前　　言

　　移动图书馆是数字图书馆信息服务的延伸与补充，是图书馆向数字化发展的新方向。基于智能终端的移动图书馆的实现有利于提高国民素质，特别是对于满足弱势群体、流动人口的阅读需求具有重要意义。现有的手机图书馆对于读者环境、场景、内存、操作平台等"情境"因素的感知能力不足，而在动态变化的移动环境中，这些情境因素很可能影响着读者潜在的信息需求，因此基于手机端的数字图书馆应该为读者提供适应当前情境的个性化推荐服务。

　　本书研究基于手机终端的图书馆感知用户所处情境，以提供个性化信息服务为目标，以情境感知为切入点，从手机端用户情境感知中间件和服务模型层面两个视角入手，研究并提出高校图书馆情境感知服务模式框架，并设计情境感知自适应中间件，构建基于情境感知的图书馆移动服务本体模型，提出结合用户属性的个性化学习内容推荐算法，为融入情境感知的个性化学习系统的设计与实现奠定基础；通过调查问卷和理论分析融入情境感知的图书馆服务模式的适用性，为图书馆情境感知服务理论的发展与应用提供新线索。本书主要内容如下：

　　（1）图书馆情境感知服务模型构建。

　　研究了图书馆情境感知服务模型框架问题。首先系统研究了图书馆信息化过程中遇到的难题：信息超载、信息孤岛和情境感知匮乏；其次对移动商务领域应用较为成功的情境感知服务进行了系统研究，提出了情境感知服务的通用模型，并论证了图书馆情境感知服务应用的必要性；最后在之前的工作基础上，提出并设计了融入情境感知的图书馆服务框架模型，并对图书馆可能开展的情境感知服务进行了展望。

（2）基于 SOA 的图书馆情境感知中间件设计。

针对移动智能终端及网络设备异质性、不一致性情况，研究了使用中间件屏蔽终端设备差异性的情况，设计了基于 SOA 的图书馆情境感知中间件模型；其次考虑到移动环境的动态性，提出中间件组合自适应机制，将服务单元通过信道连接起来动态组合完成预定服务功能。

（3）融入情境感知的图书馆移动服务本体设计。

针对图书馆服务情境信息种类繁多、信息结构和表述方式不一问题，研究利用本体机制实现图书馆各信息系统之间的语义表达、规范业务流程和数据格式。进行了图书馆情境感知环境下的本体设计，包括用户、移动智能终端和物理环境情境模型的构建；利用 Protégé 本体开发工具建立了情境感知服务本体模型。

（4）情境感知服务在图书馆中的应用研究。

对图书馆中物理环境、智能终端和用户属性的感知服务进行了系统研究。其中物理环境感知的信息服务有 RFID 定位技术；智能终端感知服务以 985 院校图书馆网络调研为主，系统研究并分析其开展个性化服务的现状，特别是基于微信公众平台的个性化服务现状调研和分析；用户感知服务部分提出并实现了改进的 Apriori 算法应用于图书推荐服务，设计并实现了个性化图书馆推荐系统原型模型。

（5）图书馆情境感知服务应用对策研究。

现有图书馆情境感知应用系统评估大多集中于技术领域，或可以客观量化的图书馆实体比较，如馆体类型、编制、资源投入等；较少从使用者角度评估出发进行研究。全书对南昌市七所本科院校进行了问卷调查，采用问卷调查方式收集使用者主观评估信息，并对样本数据进行分析，总结归纳了图书馆情境感知服务应用现状，分析当前图书馆开展情境感知服务存在的问题，并提出相关改进建议。

目录

第1章

绪　　论

1.1　选题背景及意义

1.1.1　选题背景

随着移动互联网的发展，越来越多的用户信息获取过程通过移动终端完成。截至2017年12月底，中国网民数量达到7.72亿，其中手机网民规模达到7.53亿，网民上网设备中，手机使用率达97.5%，超越传统PC整体80.9%的使用率，其第一大上网终端的地位更加稳固[1]。目前，网络资源总量在以指数级的速度增长，用户寻找自己需要的资源变得越来越困难，此外，由于移动终端如智能手机等显示尺寸和处理能力有限，使上述问题变得更加突出。

"信息超载"问题给人们带来很大的信息负担。目前，搜索引擎（如Google、百度等）是最普遍的辅助人们获取信息的工具，但仍然不能满足不同背景、不同目的、不同时期的个性化信息需求，从而不能真正有效地解决"信息超载"问题。于是，人们提出"个性化服务"[1][2]的概念，来为不同用户提供不同的服务或者信息内容。推荐系统（rec-ommender systems）作为个性化服务研究领域的重要分支，通过挖掘用户与项目之间（user-item）的二元关系，帮助用户从大量数据中发现其可能感兴趣的项目，并生成个性化推荐以满足个性化需求。目前，推荐系统在电子商务（如 Amazon、eBay、阿里巴巴、豆瓣网、当当网等）、信息检索（如谷歌、雅虎、360、百度等）以及移动应用、电子旅游、互联网广告等等众多应用领域取得较大进展。个性化推荐系统的实施不仅能为用户提供个性化服务，而且能与用户建立长期稳定的关系，提高用户忠诚度，从而实现防止用户的流失。

在移动情形下，用户所处的环境易变，而这些因素影响用户需求的表达。由于手机普遍存在显示屏幕小、处理速度慢、存储容量小等缺点，现有基于手机端的图书馆对于读者环境、情境、内存、操作平台等"情境"因素的感知能力不足。而在动态变化的手机环境中，这些情境因素很可能影响着用户潜在的信息需求，导致手机移动图书馆不能为用户提供适应当前情境的个性化服务。在传统的推荐系统领域，人们往往只关注"用户—项目"之间的关联关系，而较少考虑他们所处的情境（如时间、位置、周围人员、情绪、活动状态、网络条件等）。但是，在许多应用情境下，仅仅依靠"用户—项目"二元关系并不能生成有效推荐[3][4]。例如，有的用户喜欢在"早上"而不是"中午"被推荐合适的新闻信息，有的用户在"旅游"时想要被推荐一些合适的周边餐馆、商场等，有的用户在"心情愉悦"时更愿意被推荐一些轻松的音乐。情境感知个性化服务通过将情境信息引入个性化服务系统，以进一步提高推荐精确度和用户满意度，兼具"普适计算"和"个性化"两种优势（"普适计算"表示信息和计算资源的获取与接入可以发生在"任何时间、任何地点、以任何形式"，而"个性化"则可以帮助用户从海量资源中获取满足其自身需要的内容）。

1.1.2 研究意义

图书馆情境感知服务模型研究是国家全面深化改革中有关文化机制创新发展的需要。

中共十八大报告明确指出：促进文化和科技融合，构建和发展现代传播体系，提高文化载体的传播能力。中共十八届三中全会有关决议指出：提高文化开放水平，促进公共文化事业单位（图书馆、博物馆等）的繁荣发展。随着社会生活水平的不断提高，基于3G/4G的移动应用越来越普及，融入情境感知技术的移动图书馆在时间和位置上拥有更高的自由度。本书相关研究有助于从系统层面研究移动图书馆个性化微型学习模式新特点，结合经济社会发展需求，制定具有情境感知的微型学习模式，提高个性化的学习质量，提升信息增值潜力，具有重要的理论及实际价值：

（1）完善智慧图书馆理论的需要：图书馆情境感知服务模型研究是学科发展的必然趋势。

融入情境感知的图书馆服务模型已成为图书馆学科研究的重要分支。在图书馆信息化环境下，如何为处于不同情境下的学习者精确推荐符合其实际需求的学习内容服务已经成为微型学习模式研究的新趋势。基于移动环境中大量涌现的微内容而提出的微型学习概念是对当下学习现状的一种新的认识，微型学习作为一种移动环境中非正式学习的有效实现模式正逐渐兴起。国内外关于图书馆学科研究主要集中在传统领域，如图书馆信息化、数字资源的整合等。却很少有学者关注图书馆环境下移动情境感知的微型学习。移动情境下学习者兴趣具有突变的特性，受到学习者情境影响极大，因此建立在学习者情境感知基础上的微型学习技术显得尤为重要。系统深入地研究移动情境感知学习技术的有关基础理论、方法，对图书馆教育功能的发展有积极意义。

（2）图书馆移动终端微型学习服务是图书馆社会教育功能定位的客

观需要。

随着移动互联网的发展，越来越多的学习活动通过移动终端完成。网民中使用手机上网的比例也继续提升，已达到97%。图书馆的教育功能日益受到重视。目前，我国拥有各类图书馆3000余所，2017年度参观各种类型博物馆、图书馆及展览馆达10多亿人次。图书馆通过对"数字资源"进行收集和分析，进而开展研究，发挥教育功能；对提高国民素质、弘扬社会主义核心价值观具有重要的作用。情境在移动环境下作为至关重要的因素影响着学习者对学习的选择。移动网络环境下的图书馆学习空间得到拓展和延伸、学习资源更加丰富与多样；研究融入情境的微型学习模式能有效提高用户的阅读体验；进而提高图书馆教育及学习效率。

国内外关于个性化服务的研究主要集中在移动图书馆个性化推荐领域，却很少有学者关注手机图书馆情境感知推荐的构建机制。基于手机端的图书馆与移动图书馆有很大区别，有其独特的属性，相对于移动图书馆，基于手机端的图书馆情境下用户兴趣具有突变的特性，受用户情境影响极大，因此建立在用户情境感知基础上的推荐技术更为重要，本课题研究基于手机端的图书馆环境下的情境感知推荐机制、情境感知本体建模、融入情境要素的用户偏好模型构建、情境感知个性化服务机制构建、情境感知服务评价建议；提供一个系统的、全面理解基于手机端的图书馆环境下融入情境感知的个性化服务机制，具有重要的理论价值。

随着4G网络的发展，手机阅读越来越普及，基于情境感知技术的手机阅读在时间和位置上拥有更高的自由度。近年来，针对手机的定位技术开创了巨大的商业机会，包括跟踪、导航、搜救、位置敏感的广告投放等，蕴含着独特的价值增值空间。情境感知推荐服务是未来手机阅读信息服务的一个方向，它是不同产业融合的产物，能够有效地满足人们的个性化需求，将使人们的生活更加便利。同时，基于手机端的图书馆是移动图书馆在手机环境下的扩展，是移动图书馆个性化信息服务的需求方式。本课题的相关研究有助于提高图书馆个性化服务质量，提升信息增值潜力，具有重要的社会及应用价值。

综上所述，基于手机端环境下的图书馆个性化服务中融入情境感知技术与算法的研究具有现实的理论意义和应用价值，但因情境感知推荐独特的技术要求和制约因素，使得这一问题的研究面临不小的挑战。

1.2 国内外研究现状

1.2.1 研究现状

从纵向上看，情境感知服务体系一般分为数据采集、数据处理、服务应用层，国内外学术界系统研究各个层次结构的相关问题，产生了相当多的研究结果，对于图书馆情境感知服务相关问题的研究涉及众多方面，本书归纳如下：

①基本概念分析：情境数据分类[5][6][7]、情境数据管理[8][9]、隐私性和安全性[10][11]、服务评价体系[12][13]、体系结构[14]、发展方针[15][16]等问题。文献［7］对情境分类进行了归纳总结，文献［5］构建了以人为中心的常规情境分类；大多数情境分类依旧根据具体应用进行设置。文献［8］［9］提出了一种情境数据管理体系结构，识别有用数据源及其类型，经过集合、更新和过滤操作从而产生有用信息。此外还有很多研究工作集中在框架体系、发展方针等问题上。通过对国内外文献的研究发现这个部分的内容占大多数，充分说明情境感知服务还属于起步完善阶段。

②数据采集层：情境感知服务系统中，数据可以存储在移动终端[17][18]、分布式服务器、集中式服务器中。用户及应用服务信息比较集中于服务器；而情境数据的收集主要方式是通过用户终端获取数

据[10]，收集的数据集中在地理位置、时间两方面。其中地理位置定位技术分为直接和间接两种。技术手段为通过 GPS、WiFi 和移动通信基站定位等[19][20]。

③数据处理层：对采集到的数据进行预处理。常见的方式是利用本体技术设计推理算法把底层情境数据萃取成高层情境数据、用户兴趣偏好提取算法等[21][22]。本体技术能够实现情境数据的格式化表示，但在移动服务领域还鲜有成功案例，主要原因是移动应用的差异性很大，还有待进一步的研究推广。

④服务推荐层：设计算法推荐服务给用户，利用情境数据提高推荐准确率、时效性。文献［23］归纳总结三种情境感知推荐算法：情境预过滤、情境后过滤、情境建模；文献［24］［25］［26］提出了多种情境感知推荐算法，利用情境数据提高了推荐的准确度。

⑤移动终端交互层：移动状态下，考虑到情境不断变化及终端设备显示屏幕偏小等特点，研究应用服务如何使用更方便的问题显得尤为必要。文献［27］［28］指出交互方式应根据终端设备屏幕大小进行适当调整。同时文献［29］［30］［31］通过专家访谈、用户领域调查等方式制定评价体系来评估移动交互方式，以提高用户的体验度。

⑥移动应用：现有的很多研究集中在智能家居、旅游导航、移动信息服务、移动商务、移动 Web 服务等[32~40]，对于图书馆领域的应用研究成果并不多见。相关应用研究内容主要集中在：a. 依靠获取的情境数据为用户提供合适的服务；b. 预测用户的将来行为和需求。

从研究领域上看，目前国内外学者对图书馆情境感知服务的研究大多从技术层面讨论移动图书馆资源构建、情境感知概念及特征，情境感知服务技术及设计、研究移动商务个性化服务技术支持等相关问题。

（1）移动图书馆资源构建研究。

国内外的研究主要集中在以下三方面：①移动图书馆研究；②资源虚拟化研究；③数据集成方法研究。当前，关于移动图书馆领域存在的问题主要表现在：①移动图书馆的理论研究落后于实践；②对于移动图书馆的用户研究落后于技术研究。相对而言，大多数的研究集中在移动图书馆的关键技术领域[41]；即利用先进信息技术使得用户获得身临其境的感受。但涉及用户方面的问题，目前并没有得到充分、深入的研究；尤其有关用户心理、情境感知等方面的研究相对较少。让用户获得高水平的情境体验是当前许多移动图书馆建设的目标之一，但是，当前对于移动图书馆环境下情境感知的结构，系统的设计要素与情境感知的关系、移动图书馆环境下的情境感知所产生的影响等问题都缺乏深入的研究，这在理论层面，不利于移动图书馆和情境领域知识的发展；在应用层面，不利于移动图书馆功能的充分发挥。因此，对于移动图书馆情境感知的系统研究就显得十分必要。

（2）情境感知概念及特征研究。

情境感知是从普适计算的理念和基于位置的服务中发展而来的。苏立特（Schilit）等人[42]被认为是最早引入情境感知这个术语的学者，他们把情境看作是位置、周边的人、周边的物体以及这些东西的变化。早期其他的一些定义都是在此基础上的某种延伸；然而这些定义太过于抽象化，很难用实例描述出来。目前被普遍认为是最准确和具有代表性的情境定义是由戴（Dey）等人[43]提出的，他们认为：情境指的是任何可以用来描述那些被认为与人机交互有关的实体情况的信息，包括用户和应用系统本身。国内学者顾君忠认为情境感知的目的是试图利用人机交互或传感器提供给计算设备关于人和设备环境等情境信息，并让计算设备给出相应的反应[6]。

目前，在移动情境感知服务系统研究领域，情境感知没有统一的定义，需要根据具体应用系统或者用户需求引入合适的情境感知类型及其具体实例。例如，在面向信息检索的应用中，情境感知信息可以包括关键词关联的主题、用户检索任务等，还可以包括当前时间、位置、设备状态等；在面向电子商务个性化的应用中[44][45]，情境感知信息可能包括用户购买意图、季节、时刻、位置、周围人员、天气等。不同研究人员分别考虑到时间、位置、情绪、周围人员、设备类型、社会化网络等情境感知因素。总体来看，常见情境感知类型包括时间、位置、外界物理环境、设备类型、周围人员、活动状态、目的等，还有些系统考虑了情绪、计算平台、网络条件、社会化网络等更为广泛的情境感知。

（3）情境感知服务技术及设计研究。

为了将情境信息融合到个性化服务中，一些国外学者及研究机构展开了系统的研究，如美国明尼苏达大学和纽约大学，意大利波尔察诺自由大学和博洛尼亚大学，德国柏林工业大学、康斯坦茨大学、慕尼黑工业大学，西班牙电信研究院，新加坡南洋理工大学，英国华威大学、IBM 研究院、微软研究院、意大利电信公司等[46]~[52]；李（Lee）[53] 较早对基于协同过滤的情境感知推荐技术展开研究，他认为，"相似用户具有相似的偏好"并不充分，还应当关注"其他用户在与活动用户当前情境感知相似的情境感知条件下对项目的偏好"；叶培（Yap）等人[54][55] 各自混合了基于内容的、基于知识的和协同过滤这 3 种情境感知推荐方式；阿尔巴（Abbar）等人从面向服务的角度提出一种情境感知混合推荐系统框架。

目前国内学者及研究机构有关情境感知服务研究主要集中在[56~59]：①用户情境建模技术；②融入情境属性的用户偏好建模研究；③将情境数据融入推荐算法；④将情境特征融入资源评价；绝大部分成果都在尝试将情境数据融入推荐算法中来，主要方式是针对传统的推荐服务算法进行扩充，其推荐准确性和实时性还有待加强，对于推荐服务系统中如何融入情境数据还远未达成共识，需要相关研究机构和人员更细致深入地研究。

（4）图书馆情境感知服务技术研究。

目前国内外相关学者及研究机构在情境感知技术的理论研究和应用研究中都取得了很多成果：基于移动情境感知应用研究主要集中在：基于位置的移动应用；基于时间的移动应用；多维上下文移动应用[60]。在国内，随着 3G/4G 技术的普及，基于情境感知的个性化学习研究开始受到重视，如浙江理工大学的"情境感知的自适应个性化信息服务研究"、华中科技大学的"基于手机端的图书馆的基础理论与技术方法研究"、浙江大学的"融入社会信息的情境感知推荐关键技术研究"、西安电子科技大学的"情境语义感知的组合推荐模型研究"等项目先后获得自然科学基金资助；李书宁提出了基于移动图书馆的用户情境感知本体模型[22]，徐如志等提出云环境下的手机情境感知智能化学习方法，实现感知用户手机终端的情境[61]，胡慕海提出了面向移动图书馆的情境敏感推荐机制，并设计了融入情境的协同过滤推荐算法，但其并未考虑数字资源很少评价的现状[62]。

目前国内外学者对融入情境感知的基于手机端的图书馆个性化服务研究主要集中在：①基于手机端的图书馆的概念；②基于手机端的图书馆的价值；③基于手机端的图书馆的服务内容；④手机技术在基于手机端的图书馆中的应用；⑤基于手机端的图书馆系统的构建；对于推荐系统中如何融入情境数据还较少涉及，需要相关研究机构和人员更细致深入的研究工作。

1.2.2 研究发展趋势

移动情境感知系统正在持续改进以提高服务质量，许多研究者及机构持续关注情境感知系统，也取得了一定的研究成果。然而情境感知系统还是远离平常人的生活，主要原因是研究者关注的底层架构和关键技术研究，服务应用只在很小的领域中实践推广，如实验室、家居、医院、学校等场所；利用情境数据构建图书馆服务模式的应用案例少之又少，毕竟依赖于情境数据的技术标准还未成型，图书馆领域体系结构、情境建模、算法设计、网络应用等项目因应用目的不同其准则也不一样。但是业界普遍认为情境感知是图书馆移动环境下新应用中的一个重要影响要素。可以肯定的是未来图书馆情境感知应用和服务一定会应用于用户日常生活中，而不仅仅是局限在实验环境下。结合上述内容，本书认为未来研究热点应该是：

（1）获取用户认知情境数据。

大多数的情境感知系统重点关注外部情境，主要依靠物理传感器收集，而外部情境数据包括物理环境下的具体变量（温度、湿度、时间、地点、空气压力等）。依靠外部情境数据定制个性化服务满足用户需求的确能提高用户体验，然而用户内在情境数据的收集也很有必要，本书称之为认知数据。一些研究者已经开始对用户内在数据进行分析，认知数据对用户体验的提升起到非常重要的影响。如何收集认知数据成为研究的难点和热点。

（2）情境数据推导算法设计。

情境感知系统中的算法设计主要分成两部分，第一部分是算法对底层情境数据进行归纳、抽象成更高级别的情境数据；这一部分的主要工作是获取高层次的情境数据。第二部分是算法推荐合适的服务；根据第一部分获取的情境数据，第二部分算法的主要目的是提供用户满意的个性化服务。许多研究者的精力关注第二部分算法设计，将贝叶斯网络、神经网络、支持向量机、模糊算法、决策树等技术引入以提高算法准确性和有效性。值得注意的是从底层情境数据中快速发现准确的服务也是非常重要的，特别是在受限的计算环境下。因此研究更高效的推导算法萃取用户高层情境数据将是未来的研究重点。

（3）不同格式的海量数据处理技术。

未经加工的海量底层数据从不同物理传感器收集起来，数据类型、格式和抽象层次都不一样。情境感知系统针对不同层次的情境数据其存储、管理信息及知识方法也不一样，历史情境数据包含大量的位置、温度、光照条件、任务、终端设备等数据，情境感知系统利用历史情境数据可提供主动式服务。为提供快速个性化服务，情境感知系统应该能够处理大量不同格式的海量情境数据；然而，早期研究仅局限于概念层面，因此，针对该问题的方法学及具体应用研究还是很有必要的。

（4）情境数据冲突的解决办法研究。

情境数据的收集来自不同传感器件，有时可能发生同一情境数据不一致的情况，一般情境数据冲突大概可细分为传感数据冲突、服务资源冲突和用户偏好冲突三大类。传感器冲突指多种传感器获取的同一对象的数据值不一致，从而产生冲突，比如用户智能终端内置的 GPS 定位信息和摄像头拍摄用户所处位置信息不符，即产生传感器情境数据冲突；服务资源冲突指的是相似用户获取服务时，系统只能调用有限资源给某个人，从而导致相似用户获取的服务资源并不一致的情况；用户偏好冲突指相似情境环境下，即使为某些用户提供相似服务，而该用户群的偏好也并不一样；比如为一家人旅行途中特定环境下获取旅游推荐服务，但一家人的偏好肯定是不一样的。以上冲突造成情境感知系统服务质量降低，现有研究对这个问题的解决还是很乏力的，因此相关研究还有待开展。

（5）用户情境数据的保护研究。

现在人们利用 PDA、导航器、手机、笔记本等终端连接网络，每个智能终端设备都存储了用户个人信息，而情境感知系统存储、处理用户历史情境数据量更是惊人，公众是无法忍受情境感知系统漠视用户个人信息的安全性和隐私性的，因此，用户情境数据的安全性和隐私性问题应该得到重视。大量的研究工作已经实施，但仅仅局限在概念式、指导性研究，下一步的研究重点是如何使之成为现实。

总之，在过去的几年中，对这一崭新课题的研究已有了相当的研究成果，目前学界缺乏对基于手机端的图书馆情境感知信息服务的内涵与模式、基于手机端图书馆信息服务的建设与管理等进行系统的理论探索，传统个性化推荐算法时效性、准确性方面研究，尤其是从感知用户情境的角度系统地研究基于手机端的图书馆情境感知个性化服务的机制研究较少。因此目前关于这一课题的研究基本上还处于初期的探索阶段，在国内 3G 网络及其应用研究日渐重视的背景下，对基于手机端的图书馆背景下融入情境感知的个性化服务等关键支撑技术的研究课题是必要而且迫切的。本书认为以下三个方面有待重点加强系统研究：

①虽然目前图书馆领域的研究已经取得了丰硕成果，但是其主要的

成果仍处于"重研究、轻实践"阶段。今后图书馆的功能转换应该注重社会教育，特别是在结合情境感知教育服务、个性化学习等方面进一步加强。

②情境感知领域相关研究的涉及面已经比较广泛，研究体系也逐步的完善。然而，现阶段情境感知系统开发由于缺乏统一的标准等原因使得情境信息无法较好地共享，情境信息的数据建模方式与情境感知服务机制问题仍需要进一步研究。

③目前大多数图书馆学习研究重点在于数字化研究，虽然涌现了许多革新创意，但是很少能够把这种创新的理念和原型系统结合实际情境提高学习效率的，主要是移动学习系统开发人员很少把背后的非正式学习模式考虑进去。今后，移动图书馆服务研究应该将服务模式融入情境中去。

1.3　研究内容与结构

本书首先对情境感知技术进行深入的系统分析，研究并提出图书馆情境感知服务模型，设计了情境感知自适应机制和融入情境感知的图书馆服务模型，最后设计并实现了融入用户属性的个性化推荐算法及个性化服务机制，同时进行了图书馆情境感知服务的问卷调查工作并给出了具体的建议，本书的具体研究内容如下：

第1章：绪论。

介绍了全书的研究背景、研究目的和意义，对图书馆情境感知服务的国内外研究现状做了比较全面的总结和评述，明确了当前研究和应用的发展趋势，并介绍了全书的主要研究内容和结构，最后提炼出了本书的创新之处。

第2章：相关理论基础。

界定研究范围及明确全书涉及的主要概念，简要介绍了一些全书涉及的必要相关技术，这些知识包括普适计算、个性化服务计算、用户本体建模等相关基础理论，最后对相关研究文献进行了全面系统的梳理并进行了评述，指出了现有研究难点并进行了展望。

第3章：图书馆情境感知服务模型。

本章研究了图书馆情境感知服务模型框架问题。首先系统研究了图书馆信息化过程中遇到的难题：信息超载、信息孤岛和情境感知匮乏；其次对移动商务领域应用较为成功的情境感知服务进行了系统研究，提出了情境感知服务的普通模型，并论证了图书馆情境感知服务应用的必要性；最后在之前工作基础上，提出并设计了融入情境感知的图书馆服务框架模型，并对图书馆可能开展的情境感知服务进行了展望。

第4章：基于SOA的图书馆情境感知中间件架构。

针对移动智能终端及网络设备异质性、不一致性情况，研究了使用中间件屏蔽终端设备差异性的情况，设计了基于SOA的图书馆情境感知中间件模型；其次考虑到移动环境的动态性，提出中间件组合自适应机制，将服务单元通过信道连接起来动态组合完成预定服务功能。

第5章：图书馆移动服务情境本体设计。

针对图书馆服务情境信息种类繁多、信息结构和表达方式不一问题，本章研究了利用本体机制实现图书馆各信息系统之间的语义表达、规范业务流程和数据格式。进行了图书馆情境感知环境下的本体设计，包括用户、移动智能终端、服务类别和情境整体模型的构建；利用Protégé本体开发工具建立了情境感知服务本体模型。

第6章：情境感知服务在图书馆中的应用研究。

本章对图书馆中物理环境、智能终端和用户属性的感知服务进行了系统研究。其中物理环境感知的信息服务有RFID定位技术；智能终端感知服务以985院校图书馆网络调研为主，系统研究并分析其开展个性化服务的现状，特别是微信个性化服务的现状调研和分析；用户感知服务部分提出并实现了改进的Apriori算法应用于图书推荐服务，设计并实现了个性化图书馆推荐系统原型模型。

第7章：图书馆情境感知服务应用对策。

本章采用问卷调查的方式收集用户对图书馆情境感知服务使用状况、使用体验、使用期待等主观评估数据，并对样本结果进行分析与讨论，提炼出了七个主要结论，包括智能手机持有率极高、使用时间极长、使用目的需正确引导、图书馆相关服务使用率高，但移动端图书馆服务使用率很低等，并给出了相对应的具体建议。

第8章：结论与展望。

本章针对本书的主要内容进行了归纳，概括了本书的主要结论，并对进一步的研究工作进行展望。

本书的整体结构如图1-1所示。

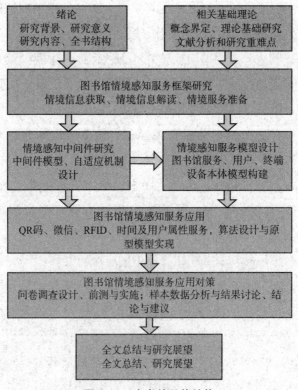

图1-1　全书的总体结构

1.4　本书的主要创新点

（1）提出了图书馆情境感知服务模型框架。

随着智能手机的迅速普及，情境感知服务在移动商务领域获得了长足发展。而对图书馆领域的情境感知服务研究文献少有发现，全书对图书馆情境感知服务的系统研究是这一领域的新探索。本书提出了图书馆情境感知服务模型框架，给出了模型中各重要组件的内涵解释，并给出了图书馆适合开展情境感知服务的类型。

（2）提出了一种改进的 Apriori 算法应用于高校图书推荐服务中。

传统关联规则算法大多数的改进工作都是集中在从全局数据库中挖掘知识的同时提高挖掘效率，以图书馆为例。图书馆的数据挖掘工作对时间并不是特别敏感，且各专业借阅图书关联规则和全局数据库关联规则有很大不同；本书提出的 L – Apriori 算法利用了"分割—整合"的思想，先在各个子数据库进行关联规则的挖掘，再将各子数据库所挖掘到的跨专业书籍关联规则进行整合，从而达到了对整个数据库进行关联规则挖掘的目的。实验结果研究证明可行，这在图书馆领域是一种新颖的推荐时效性、准确性优化解决方案。

（3）从使用者角度提出图书馆情境感知服务发展的对策与建议。

过去，国内相关文献对图书馆的情境感知应用系统的探讨主要集中于技术领域，较少涉及使用者的接受度、有用认知及易用性等观点评价。本书即从使用者有用性及认知观点出发研究图书馆移动情境感知服务。采用问卷调查方式收集使用者主观评估资料，以使用者的使用状况、服务品质感知、情境感知服务期待等主观评估为度量，来评估探讨图书馆之整体服务；并对结果进行分析进而为图书馆改善服务提供参考性建议。

第 2 章

相关理论基础

2.1　相　关　技　术

2.1.1　普适计算

2.1.1.1　定义及特点

普适计算的思想最早是 1991 年马克·维瑟（Mark Weiser）提出的[63]，他认为现实生活应该是一个充满信息技术和计算能力的环境，计算能力和信息技术能够应用于诸多领域，从工业产品到个人隐私并紧密地和人们融合在一起。展望未来的世界里，普适计算是信息空间与物理空间的融合，在这个融合的空间中人们可以随时随地透明地获得数字化的服务。其中普适性和情境感知是两个最关键的形容词，强调把计算机嵌入环境或日常工具中去，让计算机本身从人们的视线中消失，即让人们注意的中心回归到要完成的任务本身。

不同的研究者对普适计算的定义有着不同的理解，归纳起来普适计算应该具有以下特点[64]：

①分布式或模块化的系统并具有整体性网络结构；

②把普适计算的软硬件嵌入到日常生活中的其他设备或对象中；

③支持移动用户随时随地获取信息服务；

④感知并自适应系统所处情境，进而提供合适服务；

⑤不需要人为干涉，自动识别并处理所负责的任务。

2.1.1.2　普适计算的具体应用

（1）零售。

普适计算在零售业的应用主要依靠 RFID 传感器或者条形码嵌入集装箱中实现，只需通过特殊接收装置即可很方便实时读取识别货物信息[65]。从而快速准确地组织采购、组装、包装及分发货物。

（2）工业生产及原料管理。

在工业生产中使用传感器检测工艺流程、稀有贵重原材料检测管理等可作为工业化社会的典型应用。工业企业使用普适计算不仅仅是为了提高生产效率，也有其他原因，比如通过实时监测生产线的异常情况控制次品率、优化流程等功能[66]。

（3）物流运输。

在运输业，非常有必要实时准确掌握货物所处位置，普适计算技术可以实现这一目标。引入普适计算，物流运输服务商依靠对物品信息的检测数据可以发展成为全方位信息服务提供商[67]。通过嵌入特定传感器实时传输相关信息，产业链中各节点间的物流和信息流沟通更有效，从而极大提升可追溯和透明的物流产业链，促进整个产业的发展。

（4）个性化识别和鉴定。

普适计算中的许多应用都基于个人身份识别，个人身份识别技术越来越受到重视，未来的信息服务不仅基于位置、情境感知，而且为特定用户提供量身定制的服务。比如二维码技术、RFID 传感器被广泛应用于大型会议或聚会的出入口做防伪识别验证及检测工具（火车票及2010年世界杯门票分别被嵌入二维码和 RFID 芯片）；商业化公司使用指纹识别技术启动相关应用服务（三星 Galaxy S5 和苹果 iPhone 5S 智能手机植入指纹识别技术启动功能）。

（5）医疗护理。

随着老龄化社会的日益加重，普适计算技术应用于智能家居中即可实现相关医疗护理。医疗护理是一个长期的过程，普适医疗能快速诊断、治疗、护理及康复训练等服务，通过普适计算技术能有效地降低成本，其可操作性强等特点备受研究人员的追捧[68]。在辅助老年人及慢性病患者居家疗养过程中能有效提升生活质量，患者只需按照规定提供相应的检测数据，护理人员在远端即可了解病情，从而提供准确的治疗方案。

（6）移动与传输。

移动互联网快速发展的今天，普适计算对移动状态下的信息服务成为最基本的要求之一，比如汽车导航系统要求在高速状态下依旧实现准确、实时、连贯且稳定的通信。从长远看，普适计算的应用有助于提高高速状态下的安全性、优化传输路线、提供更舒适的服务等。

2.1.1.3 挑战

普适计算的发展过程一直伴随着挑战，从无线网络技术缺陷到传感器能量控制、从情境感知获取到用户偏好及隐私保护问题等不一而足，本书列出一些最重要的挑战议题如下：

传统性挑战：文献［69］归纳了普适计算一般性挑战：①能量控制：特定条件下移动设备如何处理能量和存储空间；②互联互通缺陷：传感器及其之间如何连接及管理；③用户交互问题：普适环境下，移动终端设备的交互方式各种不同，如何实现跨终端的数据传输及人性化交互；④位置感知计算技术：位置感知计算 API 必须能够植入各种不同的终端设备及传感器元件中，同时需要考虑与无线技术相融合。

情境感知及自适应：系统采取类似人类的方法观察及处理情境数据，依据情境数据做出相关决定辅助用户完成相关任务；这是个非常具有挑战性的难题。重点是如何获取情境数据及获取什么情境数据。情境数据有很多种，具体应用偏好某一类情境数据，系统如何自动取舍？特别是用户的心理数据、认知数据、心智模式等数据更难以获取成为时下研究的难点。

系统主动性及透明性：系统主动性及透明性是需要相互权衡、妥协的，当系统主动性强时意味着服务过程中很多内部规则、处理进程可能会干扰用户，进而影响系统的透明性。问题是系统的主动性程度多高才合适？在不同环境下主动性和透明性之间平衡度该如何确定？研究表明用户偏好取决定性因素，然而相关的评估及检测机制有待完善。

用户偏好：普适环境下用户偏好随着环境及情境变化存在突变的情况。研究难点在于如何识别并捕获导致用户偏好突变的要素。比如：某个人周六由于工作原因来到一个陌生的城市，推荐系统没有考虑到工作要素则可能会为之推荐相关旅游信息服务。因此，成功获取用户关键信息并建模是非常重要的，也极具挑战性。

定位技术及个人隐私：首先，位置信息为普适计算中最重要的情境信息之一，位置感知以及个人隐私成为争论焦点话题。其次，位置感知信息、用户偏好模型、语义网及社会化网络关系信息是否都应该为应用服务完全公开成为另一焦点；什么场合下定位技术涉及个人隐私、如何调查用户感受、是否影响他们的行为等一系列科研课题都很难开展。常用的问卷调查和访谈方式很难深入了解用户感受及当时所处的感性行为。

以上描述是普适计算发展过程中面临的重要挑战，在基于情境感知的个性化服务系统中，研究人员需要克服这些困难才能提供更为优质的服务。

2.1.2 个性化服务

个性化服务技术涉及三个主要模块：用户描述文件模块、服务资源描述文件模块、个性化推荐模块。

（1）用户描述文件。

用户描述文件用来描述用户兴趣偏好，个性化服务系统依靠用户模型进行推荐，所以用户描述文件在个性化服务系统中具有重要的影响。建立用户模型之前，需要考虑以下几个问题：①模型的输入数据有哪些？有没有现成的标准？如何获取数据；②收集的数据如何组织；③提取的数据用于什么目的；④清楚了上述内容后，如何建模；⑤用户描述文件能够自动更新。

（2）资源描述文件。

个性化服务系统应用领域的不一样，对应的资源描述也大不相同。服务资源的描述和用户偏好描述紧密关联，如何对服务资源进行描述对个性化服务系统也具有重要影响。通常的做法是对具体应用领域用户描述文件和服务资源的描述文件采取相同的机制进行描述。建立服务资源描述也需要考虑上文提到的用户描述文件相似问题。

（3）个性化推荐。

为有效地解决"信息超载"问题，人们提出"个性化服务"的概念。推荐系统作为个性化服务研究领域的重要分支，帮助用户从大量数据中发现其可能感兴趣的项目，并生成个性化推荐以满足个性化需求。1992 年，戈尔德贝格（Goldberg）等人首次提出"协作过滤"的描述，并创建了一个可以根据用户彼此之间的兴趣和爱好进行检索和过滤的 Tapestry 系统；在这之后推荐系统的研究一直受到国际信息管理学界的重视，陆续提出了基于内容的推荐、基于协同过滤的推荐、基于效用的推荐、基于知识的推荐、基于关联规则的推荐和混合推荐等技术。协同过滤推荐指的是：对计算用户之间的相似性进行推荐；根据相似用户对产品或服务的已知评级推荐给当前用户对该产品或服务的潜在偏好；或者根据当前用户对某些产品或服务的已知评级预测其他相似用户的潜在偏好。基于内容的推荐指的是：只使用当前用户的历史偏好；通过当前用户对已有产品或服务的历史评价来预测其他相似产品或服务的潜在偏好。混合推荐指的是：整合两种或更多种推荐技术进行组合推荐，规避其中某一种推荐方法的缺陷，实现扬长避短的目的。其中应用最为成功的是协同过滤推荐技术，但是该推荐技术依然存在原始数据稀疏性、实时性、精确性等问题；特别是在移动网络情况下，用户所处的环境（如网络状况、位置等）易变，而这些因素影响用户需求的表达，使得上述问题更加严重。为此国内外相关学者及研究机构对情境感知推荐系统理论、方法及应用展开了深入研究工作；相对而言，目前我国主要关注的还是非情境化的推荐系统研究。

随着3G/4G网络的发展，移动智能终端越来越普及，基于情境感知技术的移动应用在时间和位置上拥有更高的自由度。情境感知推荐服务是未来移动信息服务的一个方向，它是不同产业融合的产物，能够有效地满足人们的个性化需求，将使人们的生活更加便利。同时，这项服务也将成为移动商务行业新的利润增长点，而且是一个至关重要的利润增长点。因此移动环境下个性化推荐中融入情境感知技术的研究具有现实的理论意义和应用价值。

2.1.3　本体

本体是个哲学术语，是"对客观世界实体的系统性说明"，专指世界"存在"的研究，20世纪90年代被引入信息科学领域，主要目标是实现信息系统之间的知识共享和重用。目前对本体尚无一个公认标准的定义，不同学者在不同的研究领域给出的定义都不太一样，但从内容上看大体是一致的，其包含一些基本要素，如概念、概念之间的特化及泛化关系、概念之间的其他关系等，能为人所理解，且便于计算机的实现；从内涵上来看，都把本体当作是领域内部不同主体（人、机器、软件系统等）之间进行交流的一种语义基础，即由本体提供一种明确定义的共识。其中被广泛引用的是文献［70］给出的，本体为概念化的清晰的规范说明。博斯特（Borst）对该定义进行了扩展，认为"本体为共享概念化的形式化说明"，司迪德（Studer）对上述两个概念进行了归纳，认为"本体是共享概念化的清晰的形式化说明",其中涉及关键字为概念化、清晰、共享和形式化四方面。①概念化:对客观世界进行抽象得到的概念模型,该模型所表现的含义独立于具体的环境状态。②清晰(explicit):指对所使用的概念及使用这些概念的约束都有清晰精确的定义;③形式化(formal),指计算机可读的数学描述方法(即能被计算机处理)。④共享(share),指本体中体现的是共同认可的知识,反映的是相关领域中公认的概念集,即本体针对的是团体而非个体的共识。

本体的表示方式有很多种,主要可分为4大类:非形式化、半非形式化、半形式化、形式化语言。可以用自然语言、框架、语义网络或逻辑语言等来描述本体。20世纪90年代以来,大量的研究成果出现在该领域,产生了很多本体描述语言,通常可以把它们简单地归纳为如下两类:基于AI的本体描述语言;基于Web的本体描述语言(本体标记语言)。使用本体作为描述语言方式有如下理由:①本体已被证明是解决异构性知识描述的有效方式。在情境感知领域,可以用来准确表达情境和计算实体语义,赋予异构实体统一标准下的概念从而方便交互。②本体描述有利于基于语义的自动推理和决策制定。③许多图形化本体编辑器比如Protégé OWL极大地促进了本体技术的发展,大范围的情境本体被设计和制定好了,全书并不需要重新设计可以部分重用。

2.1.4 移动互联网

移动互联网指人们使用移动设备通过移动通信网络访问互联网。相对传统互联网,移动互联网是一个全新领域,其特征更鲜明,主要体现在以下四方面[71]:

(1)移动性。

体现在用户移动性、终端设备移动性以及无线连接技术三方面。用户移动性指的是用户在不同场合接入移动互联网,比如一个旅行者刚下飞机即可通过智能手机预订酒店信息，或者旅行者在城市漫游过程中根据位置信息推送衣食住行等信息服务。终端设备移动性指的是便携式移动智能终端（比如智能手机、Pad、车载电脑、笔记本电脑等），移动智能终端的最大特点是可以和用户一起移动，用户通过智能终端获取信息服务。无线连接技术指的是智能终端连接移动互联网的技术手段，常用的方法有 WiFi、蓝牙等。终端连接网络不需要通过有线方式即可实现，正是这一特点使得移动互联网成为可能。上述三方面彼此独立又可相互融合，每个方面都深深地影响着移动互联网络的发展，特别是 3G/4G 时代，三方面完全融合为一体。现在数以亿计用户使用智能手机、Pad 通过无线连接技术（WiFi、蓝牙等）访问互联网，人们在任何地点、时间都可以获取网络信息。

（2）移动服务。

体现在移动环境下的信息服务。移动服务已深入生活各个层面，服务类型依据应用背景（导航、视频会议、移动商务、物联网、军事监测等）呈现各自特点。移动服务的快速发展动力主要来自无线连接技术和移动智能终端技术的成熟。在国内截至 2014 年 6 月份，网民中通过智能手机接入网络的占比超过 80%，特别是某些场合或城市实现免费的 WiFi 覆盖，使得移动信息服务越来越普遍，成为业界的热点。移动服务的快速发展也有赖于人们工作需求，比如销售人员、新闻记者、设备维护人员等出于工作的需要可能携带多个移动智能终端，移动服务的发展也随之涉足了诸多领域。

（3）移动技术。

指实现无线连接的关键技术，主要包括两方面：无线通信技术和移动服务应用平台。其中无线通信技术根据所支持的网络类型主要包括广域网、城域网、局域网等，所支持的技术有 WiFi、蓝牙、WAP 协议等无线网络技术；通常使用 J2ME 语言、C 语言、.NET 等嵌入式开发技术实现；移动服务应用平台指的是智能终端的操作系统，主要有 iOS 和 Android 操作平台等。

（4）移动设备。

主要种类有射频识别无线传感器、智能手机和 Pad、便携式电脑。现有的研究主要集中在无线传感器、智能手机和 Pad 两方面。其中无线传感器能够完成一些简单功能，如 RFID 传感器能够感知周围环境的温度、湿度数据并传输给移动终端，还可以远距离识别用户并提供准确实时数据，不同于早期的二维码技术，RFID 芯片通过阅读器能够读写大量数据。随着产业化的发展，RFID 芯片成本越来越低，被广泛应用于各个领域。

2.2 概念界定及其文献分析

2.2.1 概念界定

2.2.1.1 情境

（1）情境定义。

情境涉及计算机科学（主要是人工智能和普适计算领域）、认知学、语言学、心理学和管理学等众多学科。2007 年，丹麦洛斯基尔德大学召开的"Context07"国际会议中，大量论文对情境的研究拓展至医学、法律、商务领域[72]。目前情境并没有统一的定义，不同的研究领域结合相应的应用背景给情境以不同的定义。在个性化服务领域比较公认的定义是戴（Dey）[43]给出的：情境是描述实体状态的任何信息，其中实体可以是人、位置或是人与某种应用交互的相关对象（包括人和应用本身）。总体来看，常见的情境类型包括环境、用户、物理、时间、社会、系统、服务情境等。

（2）情境获取。

情境获取方式主要包括：

①显式获取：通过直接问询、系统特殊设置、网页调查等方式获取用户和其他情境数据，优点是实现起来直接简单，能准确反映情境信息，获取结果相对准确可靠；缺点是这种方法对用户而言不友好、有侵袭性，同时缺乏灵活性，答案普遍存在异质性等特点，而且用户很少愿意花时间表达自己的状况。

②隐式获取：系统自动跟踪、物理设备感知用户相关数据，并从中获取用户情境信息。优点是实现过程中无须用户参与；缺点是所获情境数据未必能准确、清晰反映情境，自动跟踪及感知用户数据有时易引起用户反感，从而拒绝当前移动情境感知服务系统的使用。

③推理获取：通常使用数据挖掘、统计学、领域术语、为用户提供启发式信息等方法获取情境信息。通过构建预测模型、训练数据测试等方式进行数据推理，进而获得情境信息。该方法切实可靠，但实现复杂，需要考虑模型的准确性、灵活性、时效性问题。

（3）移动服务情境分类。

近年来，有很多文献针对具体应用背景下的移动情境进行分类，不同的应用涉及的情境要素不一样，从而导致情境数据无法拓展到其他应用环境，也没有考虑到移动环境的复杂性和整体性。文献［73］总结了现有文献对情境数据的分类，提出了一个五属性的情境分类，但对移动终端设备情境要素考虑不周。基于此，本书归纳出一种移动情境分类方法（见图2-1）：

①用户情境：用户概要信息、位置、偏好、情感等；

②环境情境：时间、地点、天气、温度等；

③系统情境：网络状态、服务质量约束、隐私性、安全性、系统耗电量等；

④社会情境：社会关系、法律、习俗、团体等；

⑤服务情境：可服务性环境、服务序列、服务内容等；

⑥移动终端情境：设备类型、屏幕大小、输入输出模式、交互方式等。

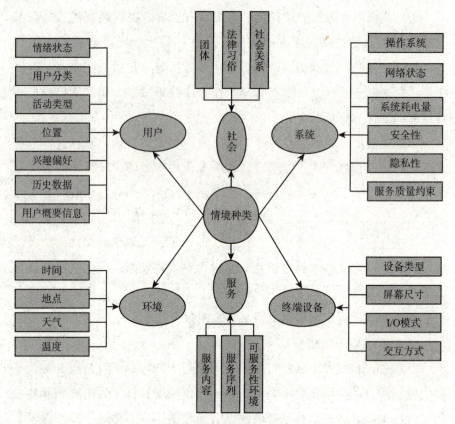

图 2 – 1 移动情境种类

对于情境，可以进一步丰富其内涵。文献〔74〕归纳的相关情境要素当中还有实例因素、领域因素、基础设施因素等。对于情境要素的归纳随着不同应用的开发相信还有具体的分类。

2.2.1.2 情境感知

情境感知技术是"智慧图书馆"的重要支撑技术，情境感知技术依靠捕获用户的情境信息、整合和分析捕获数据、提供合适服务来实现"智慧图书馆"的服务理念。依靠情境感知技术能有效提高系统服务质量。目前，情境感知服务在博物馆、图书馆、医疗护理、电子旅游等众多应用领域取得较大进展。

（1）情境感知定义。

1994 年，文献［42］提出情境感知的定义：情境感知服务能将情境数据告知服务，而服务能够适应情境。文献［43］在总结前人的成果基础上，精炼出情境感知的定义：无论是用桌面计算机还是移动设备，普适计算环境中使用情境的应用，都叫情境感知。文献［6］定义情境感知主要是一个应用相关特征，它指示一个计算元素能够获取关于用户和该元素本身的信息。格拉芙（Giaffreda）等认为情境感知的目的是试图利用人机交互或传感器提供给计算设备关于人和设备环境等情境信息，并让计算设备给出相应的反应。本书认为，情境感知的目的是试图利用人机交互或传感器提供给计算设备关于人和设备环境等情境信息，并让计算设备给出相应的反应。

（2）情境感知过程。

移动情境感知服务系统不仅需要获取情境数据，而且需要评估所获情境数据的准确性、可信赖程度及实时性。因此，准确识别获取情境数据和实际情境的差别显得尤为重要。不同的技术获取的情境信息不一，文献［75］认为同时使用以用户为中心的情境采集方式和以环境为中心的采集方式能有效降低获取情境数据的不确定性。移动环境下情境一直在动态变化着，情境感知服务需要及时获取、处理、存储及使用情境数据[76]；同时借助情境信息提供灵活的、恰到好处的服务给用户，进而提升用户体验，提高服务质量。顾君忠将情境识别操作细分为情境收集、抽象、解释、存储和检索，将情境组织应用操作分为情境获取、搜索、选择、协调和应用[6]。

（3）情境感知计算。

情境感知计算研究内容主要有[77][78]：①情境获取，处于系统的数据收集阶段，主要方式有显示获取、隐式获取和推理获取三种；②情境建模，形式化表示情境模型，主要方法有面向对象模型、图模型、标记语言模型和本体模型；③情境用户偏好提取，将情境信息引入用户偏好建模，主要分为定性分析、定量分析两大类提取技术。

文献［18］认为情境感知计算是给用户提供任务相关的信息和服务，无论他们在哪里，有三个重要的情境感知行为分别是：用户信息和服务的表示、服务的自动执行、标记情境以便以后检索。也有研究者认为情境感知计算是一种计算形态，使得应用可以发现和使用情境信息的优点，诸如地理位置、时间、人和设备以及用户活动等，特别适用于移动计算和普适计算。格拉芙等也作了类似定义。窦丽斯（Dourish）认为情境感知计算使用环境特征如用户的地理位置、时间、标识和活动，告知计算设备，使之能向用户提供和当前情境相关的信息。饶扎雀（Razzaque）等认为情境感知一词来自计算机科学，用于描述带有环境信息的设备，该设备在此类环境里工作并能做出相应反应。情境感知计算包括应用开发涉及关于这个环境知识提供的行为，满足相关的静态和动态程序。

归根结底，情境感知计算是一种新的计算形态，与普适计算、移动计算和智能计算密切相关。作为一种计算形态，情境感知计算具有适应性、反应性、响应性、就位性、情境敏感性和环境导向性的特征。情境感知计算涉及许多东西，典型的如传感器技术（Sensor technology）、情境模型（Context model）、决策系统（Decision systems）、应用支持（Application support）。因此，本书认为可以根据文献［6］中的分类来认识情境感知计算。情境感知计算是：

①近似选择（Proximate selection），指的是一种用户接口技术，强调邻近的对象；

②自动情境重构（Automaticcontextual reconfiguration），指的是一个处理过程，由于情境的变化，添加一个成分，删去一个现存成分，或改变两个成分间的关联；

③情境化信息与命令（Contextualinformation and commands），按照情境能产生不同的结构；

④情境触发动作（Context-triggered actions），一般使用简单的 IF-THEN 规则说明情境感知系统应当如何适应情境。

2.2.1.3　情境感知服务

（1）情境感知服务定义。

智能终端设备的显示屏幕、交互能力、数据处理性能等特性一直制约着移动服务的发展；然而移动技术能够感知用户情境信息，移动情境感知服务系统利用这些情境信息辅助用户做出高效决策。有文献认为一个情境感知系统必须能够模拟人的能力认识和利用蕴含的环境信息，以便推动其功能性的操作．为此，情境感知服务必须具有如下功能：

①收集环境或用户相关的信息；

②将这些信息转换成适当格式；

③组合情境信息，生成更高级的情境信息，将其他情境信息归并后导出的情境信息；

④基于检索到的信息自动采取动作；

⑤使信息能让用户随时存取和易于存取，帮助用户更好地完成任务。

从而，情境感知服务的一般要求是：

①情境获取（Context acquisition）：获取情境信息；

②情境表示（Context representation）：组织与存储情境信息；

③情境使用（Context use）：以适当方式使用情境信息。

还有文献认为情境感知服务是一个系统，它能主动监视其工作环境或场景，并按照该场景的变化调整其行为。

（2）情境感知服务过程。

一般研究认为情境感知过程可分为情境数据的收集、分析、决策三个阶段。处理过程需要识别及适应用户所处动态环境、作用的实体对象，还需要持续地提供准确实时服务。其中数据收集阶段是获取用户情境信息的阶段，收集的方式主要有显式获取、隐式获取和推理获取三种。数据分析阶段是对获取数据进行分析处理，操作细分为情境收集、抽象、解释、存储和检索等[6]；数据决策阶段是认知用户的行为及所处环境，做出合适的决策建议，下一阶段系统根据建议提供智能化服务。

（3）情境感知服务特点。

文献［79］指出情境感知服务还具有敏捷性、全天候/方位、实时/前瞻性、个性定制等特点。其中敏捷性指情境感知服务由收集到的情境数据自动触发；全天候服务和人工服务不一样，情境感知服务可提供 $7 \times 24h$ 服务；实时性指情感感知服务的效率只受到情境数据分析处理过程的影响。通过历史数据的分析和处理可以大幅缩减情境感知服务的响应时间；个性化定制指根据用户所处的各种环境定制相应的服务，即不同个体提供不同服务，同一个体不同环境也可触发差异服务。

本书认为其特点主要体现在：①可识别性：相对计算机，移动终端用户更容易辨识。依据用户描述文件可提供高质量的服务；②可定位性：依靠移动通信技术、无线连接技术识别移动终端位置，进而提供本地化服务；③实时性：移动环境实时变化，这就要求提供的服务信息必须及时；④感知灵敏性：高效感知相关情境数据的变化，准确分辨主要影响因素。

2.2.1.4　智慧图书馆

（1）智慧图书馆定义。

自 2009 年 IBM 率先提出"智慧地球"的概念后，各种各样智慧的概念，如智慧城市、智慧企业、智慧医疗等成为人们研究和描画的重点。其中，智慧图书馆就是其中之一。目前关于智慧图书馆的定义还没有一个统一的表述，研究者从不同角度给出了相应的描述。检索近期的相关文献可以发现，目前国内关于智慧图书馆的研究较多地与物联网、云计算及数字图书馆、复合图书馆等概念相联系。本书认为，智慧图书馆是建立在物联网和数字图书馆基础之上的新型图书馆，具有物联网和数字图书馆的双重特征。数字化、网络化和智能化是智慧图书馆的技术基础，人物互联是智慧图书馆的核心构成，而实现由知识服务向智慧服务的提升则是智慧图书馆的精髓。可以说，智慧图书馆的外在特征是泛在，即在现代信息技术的支持下提供无所不在、无时不在的服务；而其内在特征是提供文献服务、信息服务、知识服务之外，提供以人为本的智慧服务，满足读者日益增长与不断变化的需求。可见，智慧图书馆是未来图书馆服务技术提升、服务理念创新、管理形态转型的一场革命。

（2）智慧图书馆特点。

近年来，图书馆数字化取得了长足进展，一系列信息化系统应用于图书馆的管理及服务，这也为智慧图书馆的实现提供了可能。现有的信息化系统提供的服务目的明确，各自为政，实现技术及软硬件都不同，几乎没有数据联系，因此很难充分利用各系统的数据，从而导致信息数据的浪费，也无法提供合适的信息服务。

智慧图书馆试图通过情境感知理论、本体论、云计算、语义网等技术实现数据的整合贯通；使图书馆更加智能、感知用户的情境需求提供适合信息服务，进而提升用户体验。具体如表 2 - 1 所示。

表 2 - 1　　　　　　　　　　智慧图书馆特性分析

分类	图书馆 1.0	图书馆 2.0	智慧图书馆 3.0
时期	1990～2005 年	2006～2010 年	2010～2020 年
交互方式	单向的，单一的	双向的，公共的	个性化的，定制的
相关技术	MARC；HTML	RSS、WIKI、BLOG、Ajax、Tagging 等	本体、语义网、移动技术、人工智能、情境感知、普适计算
主题	公共的	参与、互动、分享、公开	语义网、元数据、本体
信息服务	只读	读、写	读、写、互动
信息用户	人	人	人、机器
信息源	图书馆	图书馆、用户	图书馆、用户、智能终端
终端设备	PC	PC，移动设备	PC，各种移动智能终端（手机、iPad、手表，一卡通等）
知识结构	MARC，元数据	MARCXML，MODS 等	FRBR，本体，语义网结构

2.2.1.5　图书馆情境感知服务

为给移动用户推荐实时性、高精确性的个性化服务，图书馆情境感知服务需要获取用户兴趣偏好、情境数据、移动服务信息、社会化网络等多种数据[81]。并对这些数据进行整合利用，通过个性化推荐引擎推荐合适的服务，以提高移动情境感知服务系统的实用性和适应性。基于此，结合"智慧图书馆"及情境感知服务概念，图书馆情境感知服务系统的层次化框架结构可划分为：①移动终端交互层：移动服务依据终端设备特性进行适当的调整；②移动服务推荐层：提供合适的移动应用服务；③数据预处理层：处理和存储情境信息；④数据采集层：获取用户需求信息、情境信息以及各种历史相关数据。如图2-2所示。

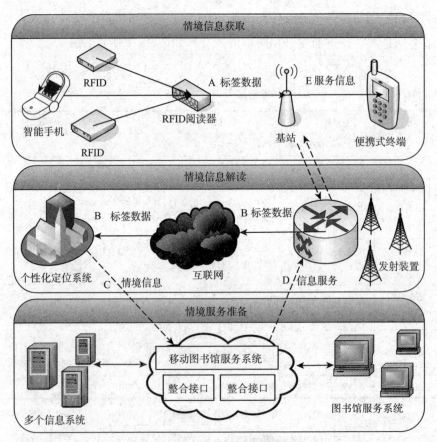

图 2-2　图书馆情境感知服务流程

根据体系结构可知，情境感知服务具体细化成三步：

①情境信息获取。图书馆用户情境数据获取需要依靠众多的监测系统，首先通过 RFID 传感器获得位置信息，结合位置信息，服务系统可以借助其他监测系统获取其他相关情境信息，如时间、温度、网速等。

②情境信息解读。获取情境数据后，整合分析相关数据进而建立用户情境模型；整合分析数据过程中需要对所获取的数据正确性和可信程度等进行评估、抽象、解释等动作；

③情境服务准备。建立情境模型后，服务系统根据用户的状态提供正确的信息服务。

2.2.2　相关文献分析

移动情境感知框架研究成为最近研究热点，在众多领域许多原型模型被提出，图书馆领域很少有人涉足，大多数成果还停留在概念介绍、技术平移阶段；早期研究工作注重移动设备的局限性，随着移动互联网特别是移动智能终端的发展，移动设备的局限性得到很大改观，随之而来的是敏感性、交互方式、计算及可视化能力面临新的挑战。

用户交互方式：在移动智能终端上，使用合适的用户交互方式可视化情境感知服务结果是个极具挑战性的课题，许多 HCI 技术被应用于常规个性化服务系统，对于情境感知服务的用户交互方式还是一个开创性的课题等待科研工作者的努力工作。具体包括：①展示相似查询。当用户输入指令后，系统能够展示相似情境环境下同样指令的查询结果。这种机制允许用户通过浏览其他人的查询即可得到结果。②基于评价的交互方式。用户可以对服务结果进行评价，用户评价可用来提高服务质量。③指令自适应。当用户查询的情境要素过多导致没有查询结果的时候，系统可以适当放宽查询区间提供模糊的查询结果。④可视化查询结果。传统查询结果以队列形式体现，用户一页一页往后翻，对于普通计算机影响不是很大，但对于智能手机这样的终端设备而言由于过小的屏幕和输入输出的限制会极大影响用户体验。⑤支持多种交互方式。除了文字信息，音频、视频等多媒体应用及触摸屏、语音等其他交互方式都可以成为当中的选择。

用户信息安全问题：基于移动智能终端的图书馆情境感知服务过程必然涉及用户个人信息，个人信息越准确，服务质量越高。个人信息泄露成为推广情境感知服务的障碍，如何确保用户个人信息的安全不应局限于是技术层面，相应的管理措施及规章制度也应该全盘考虑。

情境信息获取与评估：情境数据来自现有图书馆不同的信息系统、传感器等，数据的格式、名称、单位等属性可能不同。研究难点体现在：第一，有些情境数据难以获取，特别是移动用户的心智模式、情感认知数据更难捕获；第二，获取的情境数据分析评估困难重重，预处理需要经过清理、整理、集成、分析等过程，而实时性要求在极短时间内完成，实属不易。

用户情境模型构建：传统用户模型描述的是在一定时期内用户的兴趣偏好，用户情境随时变化，在此环境下用户偏好可能出现偏差。如何构建用户情境模式客观准确地反映特定情境下用户偏好成为研究的难点。

情境感知服务评估：情境和提供服务的适配性问题传统评价体系无法衡量。情境感知服务的实时性、敏感性也无法评判。特别是移动智能终端的输入/输出、处理能力、屏幕大小对情境感知服务带来的主观感受更无从考核。总之，情境感知服务评估是极具挑战性的研究工作。

2.2.3 研究难点与展望

2.2.3.1 研究难点

（1）数据采集层：用户认知情境数据的分辨及获取方法。

现有研究对于用户心理认知数据很少触及，主要集中在用户外部情境数据（如时间、地点、天气等）的获取；用户的认知对个性化服务选择是个重要影响因素[82]。获取用户认识情境数据对于提高用户满意度是至关重要的。现有的相关文献并不足以表达认识情境数据，更多的研究工作有待展开。

（2）数据预处理层：多数据源的整合方式研究。

基础数据的获取多数情况下其格式、数据类型及表达方式不一样；移动状态下，数据的获取、抽象、清理、提炼、利用都需要在短时间完成。同时获取的大量历史数据如何存储、利用都需要开展相关的研究。

（3）服务推荐层：移动情境感知推荐算法设计。

移动情境感知推荐算法设计主要基于两个部分：情境数据和用户描述文件。现有研究主要集中在整合两者为一体。然而移动环境下特定用户的偏好可能会偏向于某一个部分，即两个部分的权重并不完全一样。研究推荐算法如何动态调整两者权重为用户提供个性化的服务显得很有必要。

（4）服务交互层：移动情境感知服务交互方式。

该领域并未得到系统研究，移动服务交互方式应根据服务的种类进行设计，常见的交互方式有声音、视频、地图、触摸屏、下拉菜单、文本信息等。移动终端大多提供触摸屏方式，计算机上应用最广的下拉菜单在移动终端应用很少。总之用户交互方式研究是一个有趣的挑战课题，值得深入研究。

（5）图书馆情境感知服务系统的评价研究。

评价体系对于提高情境感知服务的效用是非常有必要的，在移动环境下，用户的需求具有突变性、时效性且容易受周边环境的影响，现有的评价体系指标较为单一，对移动情境的定义、核准、评判及分析并未提供技术支持；对图书馆情境感知服务的多样性、实时性和稳定性特征考虑不足。适用于图书馆情境感知服务的评价体系构建显得尤为必要。

（6）隐私性和安全性。

图书馆情境感知服务需要精确获取用户相关信息，需要加强针对个人隐私、系统安全等相关问题的研究工作。如何确保收集到的用户个人信息只被用于特定服务、移动网络数据传输的安全性如何保证等问题急需解决。

2.2.3.2 未来展望

过去，移动终端无线连接性、数据处理能力、可视化程度、存储设备等方面都极大制约着图书馆应用服务的普及。随着移动通信技术的快速发展，移动智能终端软件、硬件以及相关配套基础设施的建设都发生了巨大变化，图书馆的移动服务取得了丰硕成果。近年来情境感知相关软件及硬件开发的力度越来越大，现有的图书馆移动服务感知不同情境下的移动终端的特殊需求能力正逐步增强。如图2-3所示，图书馆情境感知服务发展对移动产业链的发展具有重要且积极的推动作用。情境感知服务正逐步渗透在移动用户日常生活中。随着4G网络的到来，越来越多的情境感知服务将出现在移动智能终端上。

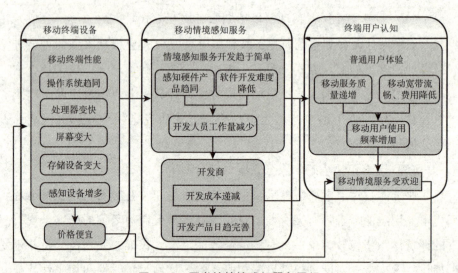

图2-3 图书馆情境感知服务展望

2.3 本章小结

图书馆情境感知服务技术是"信息超载"问题有效解决方法之一，

在移动环境下，能够有效感知终端用户情境需求并提供合适的个性化服务。本章对图书馆情境感知服务系统的相关技术进行了介绍，对研究涉及到的概念进行了界定；并对相关文献进行了分析、研究，对该领域的研究重点难点进行了归纳总结；全书通过对情境感知服务的展望证明其具有广阔的应用前景。

第 3 章

图书馆情境感知服务模型

随着移动互联网的发展，越来越多的用户信息获取过程通过移动终端完成。目前，图书馆网络资源总量在以指数级的速度增长，用户寻找所需资源变得越来越困难。此外，由于移动终端如智能手机等显示尺寸、交互方式、存储空间和处理能力有限，使上述问题变得更加突出。个性化服务成为有效解决"信息超载"的有力工具被广泛应用于电子商务、数字图书馆等领域。而现有的移动个性化服务对于用户环境、场景、内存、操作平台等"情境"因素的感知能力不足；这些情境因素很可能左右用户潜在的信息需求。如何为处于不同情境下的移动用户精确推荐符合其实际需求的信息服务已经成为图书馆服务研究的新趋势。

3.1 问题的提出

近年来，信息技术广泛应用于图书馆以提升服务水平。然而图书馆信息化的发展遇到许多问题，主要有：

（1）使用大量信息系统产生海量数据，引发"信息过载"（Information Overload）。

图书馆信息系统发展到今天产生了大量数据，3G/4G 技术的成熟允许用户随时随地访问数据，海量数据超过人们认知处理能力，从而引发信息超载问题。然而现今获取信息方式异常简捷，对于获取的信息需要经过查询、过滤、评估和解释等过程。传统知识管理方法在网络时代完全不适用，我们需要重构网络环境下知识管理机制以适应信息超载。

网络信息针对公众开放，人们常常思考如何快速获取准确信息，信息超载带给人们压力和决策困难。理想的状态是：图书馆展示的信息为用户相关信息，无关信息被自动屏蔽。结合传统知识管理方法，应对信息超载的有效方法有[83]：①信息检索：围绕某个主题查询相关信息；搜索引擎已成为互联网必不可少的、使用最多的网络工具之一，也是一个成熟的技术。通过它普通网民可以获取相关主题信息，同时也存在一定的缺陷，比如沉淀数据（数据未被找到）和噪声数据（返回不相干数据）比例非常高，信息检索结果非常依赖准确的关键字等。②信息过滤：从大量的、嘈杂的数据中提取关联信息；使用的技术手段和信息检索差不多，然后依靠特定的事物特征描述对检索结果进行过滤。信息过滤技术一般建立在信息检索基础之上，对检索数据再进行一遍筛查，从而提高查询结果相关性，缺点是需要比较大的计算量。现有的研究集中在信息过滤的计算代价上，如果能够准确知道用户查询的具体特征信息将大幅提高过滤效率。③信息评估：评价信息源的价值、有效性及可信度；信息评估技术在生活中被广泛使用，最常见的是谷歌和百度等搜索引擎的结果排序算法，根据评估结果对信息进行排序，相关度越高排序越靠前。对于 Web 文档的评估比较浅显但可信的标准是：一个有标题及目录的 Web 文档评估值会高于没有结构的文档。信息评估的难点在于获取及理解文档内容，并基于文档内容评估相关性。④情境化解读：将所得信息放在特定情境中解读。构建一个恰当的框架解释信息是一个热点话题，知识指的是信息在特定环境下解读后的有用数据。随着移动互联网的发展，情境化解读成为信息检索绕不开的课题，传统的信息检索结果并不一定适用于移动变化的特定情境用户需求。需要大量系统的、深入研究工作解决情境化解读问题。

（2）信息系统之间互不相连，导致各信息系统成为"信息孤岛"（Information Overload）。

智能图书馆试图通过搭建统一的信息检索系统实现馆内所有信息的查询，现阶段面临最主要的障碍是"信息孤岛"。众多信息系统之间存在描述对象的多样性、对象属性刻画不一致性、侧重特定情境信息等因素导致系统之间难以顺利整合。现有图书馆信息描述与收集的格式完全不同，有时是馆藏业务独特性导致的；有时是人为因素造成的，比如：图书馆员工、用户、公共文化场管理人员各使用一个标准描述同一对象；有时也有其他原因导致，比如应用的软件及硬件异质性可能导致不一致的情况。同时，在大多数图书馆中，信息以纸质性质保存的格式更是五花八门、多种多样，而且保存在不同部门或个人手上。以上种种现状导致"信息孤岛"情况日益严重。

解决"信息孤岛"的研究成果不少，甚至在技术层面取得了相当大的突破，然而实际生活中却鲜有成功案例，如何制定馆内业务信息格式、说服部门及其员工重视等现实难题难以短时间内解决[84]。最常见的办法是创建更高级菜单的搜索引擎，允许用户自己选择应用系统及其对应数据库查询。这种方法简单方便，然而实质上并没有整合系统，而且用户体验性很差，需要从一个应用系统跳到另一个应用系统；第二种办法是将应用系统及其对应数据库按照一定序列排序，用户通过统一的搜索引擎查询数据，然后搜索引擎按照队列依次遍历所有的系统及其数据库查询，返回所有结果。这种方法的特点是每个系统及其数据库都要遍历一遍，缺点也非常明显：遍历所需时间过长；而且由于没有完全整合系统，返回的数据可能格式上也不一致，导致下一步的系统检索过滤难以继续。第三种办法是整合数据及其系统，即构建一个系统及其数据库，搜索引擎查询数据的时候只需访问一个数据库，难点在于数据库的构建，把多个系统数据结构整合为单一的数据结构需要多个部门乃至全体图书馆的通力合作，也需要对现有各系统的软硬件进行统一升级换代。然而许多企事业单位对于已经存在的软硬件系统一次性升级还是比较少见的，毕竟涉及的部门采用的系统紧贴业务特性，能够解决面临的现有问题。所以现有文献提出第四种办法，该方法收集现有系统的所有元数据，基于众多系统的元数据构造一个新的系统及对应数据库。新建系统能够很好地服务图书馆及其用户，并周期性的更新数据库。这个方法最大的特点是不用推倒重建新系统，而是基于现有系统的升级。"信息孤岛"理想解决方案在现实生活中出于经济性考虑很难实现，第四种办法已经非常接近理想解决方案。

（3）现有图书馆的信息服务大多是被动响应，而不是情境感知主动推荐。

用户利用传统搜索引擎从图书馆海量数据中寻找信息是非常困难的，有赖于选择关键字的精确性程度。特别是图书馆移动应用的兴起与快速发展，在移动智能终端的输入输出方式、交互能力、显示屏幕尺寸及数据处理能力等指标的限制使得用户寻找信息愈发艰难。智慧图书馆结合情境信息为用户主动推荐相关信息服务将大大提高用户体验，对提高新时期图书馆的服务功能转化提供了一种新的方式。现在主动推荐被广泛应用于移动商务领域，基于内容的推荐和协同推荐策略被认为是最成功的推荐方式之一，依靠用户的描述进行推荐，传统推荐算法很少考虑情境要素，因此图书馆移动应用的推荐服务很难提供合适的信息资源给用户，即传统的推荐算法在图书馆移动应用服务中存在一定的不足，具体如下：

一是在移动环境下，用户兴趣可能会受到周围情境影响，缺乏情境要素的推荐方法可能无法实时把握用户兴趣偏好，进而无法提供准确的信息服务。

二是图书馆用户的学习过程可能是重复性的或周期性的，比如大学图书馆用户中，低一届学生的学习活动很大程度在重复上一届学生的历史学习活动。这些历史数据是独立的、有价值的信息，如果能充分利用这些信息将极大促进下一届学生的学习效率。然而已有的推荐算法却忽视了这些有益信息。

三是图书馆移动应用的主动推荐服务能够支撑不同的智能终端，图书馆资源需要动态适应不同终端的交互方式，而且许多资源可能存储在分布式环境下，资源的访问时间也不一样。传统推荐算法如果只基于内容和协同考虑很少考虑用户的上述信息。

如何拓展信息服务方式，使得图书馆用户及时准确获取信息成为研究的难点。于是人们提出"智慧图书馆"的概念，来为用户提供个性化服务满足其需求。"智慧图书馆"的核心子领域为情境感知服务，在现有数字图书馆的基础上，依靠 RFID、WiFi、情境感知、普适计算等技术的应用，使得整个图书馆实现更全面的智能化、信息系统之间无缝连接，实现全自动、全方位、实时、个性化定制服务[79]。从而为解决上述难题提供有力的技术支持。目前情境感知技术在图书馆的研究还处于起步阶段，主要集中在概念推广和知识推荐上，后者侧重技术层面的设计与实现。且为数不多的研究集中在单一属性的情境感知服务上；鲜见对整合现有图书馆信息系统方法的研究，进而提供智能空间服务的。

3.2　相关工作

移动情境感知服务系统体系结构、技术标准、功能设置依据应用领域构建各不相同，大致可以按照系统运行方式、用户参与程度、信息服务方法等进行分类；本书认为单一应用构建的移动情境服务框架体系忽略了移动服务的复杂性、多样性和完整性；具体应用之间无法共享相应数据。本书提出一种移动情境感知服务系统通用性体系结构（如图 3-1），重点研究如何获取用户需求及情境数据，从而推荐个性化服务给移动终端。

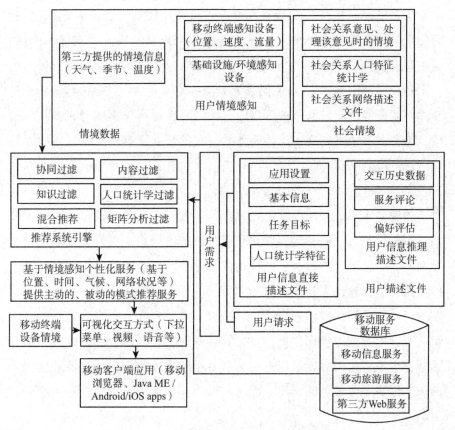

图3-1 移动情境感知服务系统体系结构

（1）基于体系结构分类。

根据体系结构种类，及其提供推荐服务的方式，对已经存在的移动情境感知服务系统框架分类如下：①基于客户端/服务器端方式：在移动终端下载客户端，用户请求通过客户端程序连接服务器端，因此连续稳定的网络环境尤为重要。这种方式最大的特点是服务器端拥有足够的计算资源提供高精度繁杂计算，客户端可以是基于 Web 浏览器，或是基于 Java ME、. NET 的安卓和 iOS 应用系统[85]，这种应用系统能提供基本的功能服务，且用户交互界面和存储空间都非常丰富。②独立系统：这些应用系统打包压缩下载，并安装在移动终端，所有需要的计算算法和服务信息都存储在移动终端。这种方式对移动终端的配置要求非常高，感知系统也会根据不同的移动终端配置好用户交互模式。③移动网站：这些系统提供一个 Web 交互界面，用户访问相关内容后系统根据内容反馈定制合适的服务[86]。和独立系统类似的是，移动网站系统也提供辅助软件下载安装，定制的服务可以通过辅助软件进行展示和修正。不一样的是辅助软件也可以连接远端服务器，获取公共数据信息，这点跟客户端/服务器端系统相似。

（2）基于用户参与程度分类。

情境感知系统根据获取用户情境信息的方式不同可以归纳为以下三大类：①推拉式：服务内容以问题形式推送给用户，用户请求后，可以控制反馈信息服务的投送。推拉式被认为是很少侵扰用户的方式（平常用户认为侵扰指没有请求即被推送服务）。②反应式：这些系统根据情境变化做出适当反应，不需要用户请求、解释或介入。系统也提供更改情境要素的功能以供用户进行定义。③主动式：推拉式和反应式系统都是基于情境变化以后或是用户请求以后做出反馈的，主动式系统具有推断未来情境变化趋势的能力，提前做出判断，当情境发生时即触发服务机制。

（3）基于信息服务方法分类。

移动情境感知服务也有可能受信息服务方法的影响，呈现不同特点，具体细分如下：

①基于用户约束的信息服务。

备受好评的情境感知服务系统依赖于用户的表现及特征约束，这些信息可以是直接获取也可能是推导出来的[87]。直接获取的信息可能是用户注册信息后，当程序启动的时候自然收集到的；推导信息可能是根据用户在使用系统过程中提供的某些有用信息推理出来的，换句话说，推导信息是建立在已有信息的基础上的。移动信息服务利用情境信息去选择一个合适的程序操作员接口，然而个性化服务缺乏一个标准可行的信息推荐引擎，虽然类似于基于知识的过滤系统，但由于缺乏相似的评估技术和专业领域知识而被归纳为基于用户约束的信息服务；同时值得注意的是基于用户约束的信息服务往往是基于位置感知的情境信息，然而由于没有推荐引擎也不能归纳为位置感知服务。

②基于位置感知的信息服务。

事实上，基于位置感知的信息服务是一种特殊的情境感知服务[88]。早期的情境感知服务往往指位置感知服务，因为那个时候的服务系统情境推导仅仅局限在位置信息及其相关信息上；基于位置感知的信息服务是传统信息服务的一个重大突破，通过有效利用地理位置信息和无缝传输获取个性化服务信息，随着移动互联网快速发展，现有位置感知服务大多通过智能手机 GPS 系统获取位置信息。文献［88］使用协同过滤技术推荐用户所处位置旅馆信息，包括旅馆星级标准和打折情况介绍不一而足；文献［89］提出一种位置感知服务系统的原型模型，能支持用户个性化旅游信息服务，这个原型系统提供吃、住、行等观光旅游定点服务，比如能结合用户位置推荐旅馆、下一站旅行路线、个性化行程定制等服务。

③基于情境感知的信息服务。

基于位置感知的信息服务只考虑了单一的位置信息，情境感知可能涉及多维数据，常见的有时间、地点、人口统计学特征等[90]。单一的情境数据信息服务很多时候精确性并不高，如果能结合多维情境数据整合分析推送，个性化服务质量将大幅度提高。研究结果显示，情境感知服务完好的契合移动互联网应用，移动环境下附带多重情境信息，比如直接获取的位置信息和结合时间推导的潜在信息等。文献［91］在博物馆中使用基于位置和时间二维信息服务系统显著提高了服务质量，得到博物馆研究者和游览者的一致好评。比如游览者在悠闲时间段满意度明显高于人群拥挤的时间段，阳光明媚的日子比晚上游览的满意度高。可以肯定的是，博物馆和图书馆同为公共文化事业单位，博物馆中使用的相关技术可以有目的的平移至图书馆来，对提高图书馆吸引年轻读者、并提供精准服务具有极高价值。用户情境信息有很多种，包括位置、时间、周末、季节、交通状况、天气状况、移动性、通信能力等，衡量情境价值主要依靠移动设备的敏感度、Web 服务特性及其他基础辅助设备综合决定。

④基于评价的信息服务。

评价代表着用户的偏好，比如对于系统提供的酒店信息用户评价太贵，则根据评价提供价位更低的酒店可能就会满足用户的需求，所以通过评价反馈能够快速缩小查询空间帮助用户高效发现服务，有研究者认为用户的评价是特殊的情境信息，这些信息对于提高个性化信息服务的准确性和有效性至关重要，情境感知系统如果能获取这些评价信息则可以很好地解释和理解用户行为及其偏好，推导出用户偏好则可高效的提高准确服务。基于评价的信息服务具有两大优势：第一，数据提取源自用户直接提供，比推导数据更加可信；第二，用户做出评价所需代价很小。文献［92］提出了一种基于评价的信息服务模型，支持移动环境下用户选择商品推荐信息服务，用户对提供的信息做出评价，然后系统再做出修正直至用户满意。

3.3 图书馆情境感知服务模型构建

智慧图书馆的宗旨是依靠众多信息系统为用户提供智能化服务，图书馆的服务时空被无限放大。现有用户大多通过移动智能终端接收相关服务，而用户的许多关键情境数据（位置、时间）都可以通过智能终端捕获。所以图书馆的服务重心应该从互联网逐步转移到移动网络上来，以移动智能终端为核心重构图书馆服务流程；为使用户有身临其境的感受，智慧图书馆依靠 3D 技术、物联网、虚拟现实、移动增强现实等技术构建网络虚拟空间，整个图书馆成为一个智能时空，用户既可以在网络环境下体验图书馆服务，也可以在图书馆物理空间与虚拟空间进行互动。

3.3.1 模型设计原则和思路

图书馆信息化过程中构建了许多业务信息系统，各信息系统有着明确的业务目标。日常运行产生大量数据的同时彼此之间很少有数据沟通，形成人们熟知的"信息孤岛"和"信息超载"的问题。图书馆情境感知服务需要打通各信息系统的壁垒，使用户情境数据的获取以及服务访问变得畅通。同时更加需要注重用户感受，用户信息是图书馆情境感知服务中最核心的数据；用户的感受是衡量图书馆情境感知服务的重要标准。

3.3.1.1 设计原则

智慧图书馆的设计需求一般而言有三个原则：①灵活性：系统能够满足用户的即时需求，这要求系统的可扩展性能力；②集成性：最大程度的应用现有图书馆信息系统数据，要求系统能够集成这些数据源信息；③系统需要充分使用情境信息；其中第三个要求涉及范围非常宽泛，也是研究的难点。全书提出五个技术层面的设计原则，具体如下：

（1）集成性及可扩展性。

如果能够整合所有信息系统，那么业务流程的负担可能会降低。根据之前的描述，情境感知服务中被集成的原有系统大多只支持某一特定的工作，而图书馆的业务有时候是相互独立的，有时候又相互关联，通过集成数据之间的相互支撑从而有效降低某些业务流程的负担。考虑未来的发展需求，集成系统架构需要有足够的扩展空间，以备系统完善及扩容用。原有系统集成过程中应该设计通用接口标准，这样对以后的信息系统接入提供坚实基础。

（2）授权机制。

通过授权机制，集成后的系统能够拥有原系统的各项权限，从而使得业务流程负担降低成为可能。智慧图书馆的建设应该最大程度的利用现有系统及其数据，既有利于降低建设成本，又不至于对现有业务流程造成冲击。无缝集成的服务系统对原有系统数据、用户及业务管理都必须进行规划设计。

（3）敏感性和灵活性。

集成系统通过对环境要素的感知从而提供有效准确的信息服务，大幅度降低系统业务流程数据计算压力。便携式智能终端的软硬件、操作系统、交互方式等各不相同，情境感知服务系统提供的信息服务应该能够屏蔽这些差异，能感知并自适应智能终端的客观属性。

（4）技术可靠性。

智慧图书馆应用大量的先进技术，如普适计算、移动互联网、位置感知技术、RFID 技术等。各种技术的数据传输、处理方式及互操作性都不尽相同，特别是移动智能终端的软硬件差异更大，众多差异导致情境感知服务的健壮性需要重点保证。

（5）安全性与隐私性原则。

情境感知服务系统把整个图书馆的所有信息都归纳集中起来，不管先进技术如何被规范，安全性、隐私性、合理性等伦理性话题是绕不开的课题。特别是基于用户属性、位置等敏感信息的服务，如何保护用户隐私信息不被挪作他用、确保系统安全，包括基础数据安全、软硬件平台安全、通信系统、数据库系统等的安全性问题全书都纳入到道德性原则进行考虑。

3.3.1.2 设计思路

智慧图书馆的建设需要依靠已有资源，同时很好规避"信息孤岛""信息超载"的现实问题，在实现各信息系统互联互通的情况下，最大程度地收集用户情境信息，为提供个性化定制服务提供必要的信息支持。信息系统集成有利于灵活调配所有资源，实现业务流程的无缝连接，既可实现资源的高效利用，又可提高实时服务效果。帮助图书馆各分散服务体系通力合作，形成一个合力的服务体系。有助于形成以"用户服务"为中心的职能理念转变。

本书给出的设计思路分为四个部分，第一部分是在现有基础设施的基础上构建图书馆智能空间所需的技术框架，提供必要的业务信息服务，也收集第一手的原始数据；第二部分是在第一部分基础上管理和处理数据，最终形成知识；由于基础数据存储在各个部门，容易形成"信息孤岛"问题，信息资源共享就显得尤为必要。第三部分是根据第二部分提炼出的知识提供相对应的信息服务，服务过程可能涉及多个部门，需要图书馆层面的全局考虑。第四部分是在第三部分基础上打通业务部门壁垒，改变部门管理职责，最终实现智慧图书馆的"服务"为中心的职能定位。具体如图 3 - 2 所示。

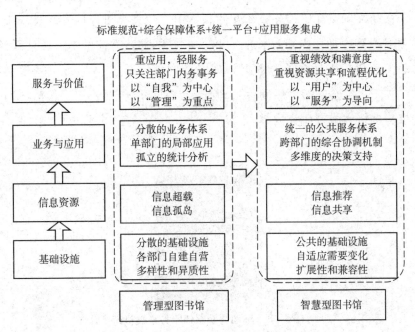

图 3 - 2   智慧图书馆情境感知服务设计思路

3.3.2   情境感知服务体系结构

为给移动用户推荐实时性、高精确性的个性化服务，情境感知服务系统需要获取用户兴趣偏好、情境数据、移动服务信息、社会化网络等多种数据。并对这些数据进行整合利用，通过个性化推荐引擎推荐合适的服务，以提高情境感知服务系统的实用性和适应性。基于此，全书提出情境感知服务系统的层次化框架结构，如图 3－3 所示，该框架结构划分为：①移动终端交互层：移动服务依据终端设备特性进行适当的调整；②移动服务推荐层：提供合适的移动应用服务；③数据预处理层：处理和存储情境信息；④数据采集层：获取用户需求信息、情境信息以及各种历史相关数据；四层体系相互之间联系紧密，情境感知应用服务需要建立在网络通信的基础上，也需要有情境数据采集与处理层的支持。另外值得注意的是情境数据采集与处理建立在相关学科的基础研究上，移动终端交互层被分成交互性和适用性两大类研究内容。移动服务推荐层涉及的研究内容有智能空间、旅游导航、信息系统、通信系统、移动商务和 Web 服务等。数据处理层可大概分为基于 Agent、基于元数据、基于数组空间等的中间件处理技术。网络层包括协议、检测、网络需求、网络实施等研究内容。

图 3－3　移动情境感知服务系统框架

（1）基础研究层。

图 3－3 中 4 层框架结构都离不开基础研究的支撑，如相关算法涉及与实现、发展规划、体系结构、情境数据管理及评估、安全性、隐私性等基础研究。其中算法是灵魂，大概可分为基于 Agent、情境推理和服务推荐三大类，基于 Agent 算法主要是为了设计 Agent 模型、XML 信息通信编码和通信方式等；情境推理算法是为了获得更高精确度和效用

情境信息，从低一层情境信息萃取更高层情境信息过程；服务推荐算法是根据情境信息推荐相应服务给用户的过程。情境数据管理指的是构建一种机制或框架理论以管理情境及情境信息；发展规划描述的是情境感知服务及相关应用的发展前景及应该遵循的规则；情境感知服务系统体系结构是构建一个从获取、发现、解释并存取不同的情境数据到提供相应的情境感知服务的系统性机制。情境感知系统的体系结构能大概展示系统的功能、用户交互方式、数据流、系统管理等细节；评估侧重于研究系统的使用效果、健壮性、满意度等。

（2）网络层。

网络基础层归纳起来有网络协议、传输管理、检测、网络需求和网络实施等；情境感知计算需要动态适应网络情境的变化，因此，许多研究工作注重特定的网络环境以提供情境感知计算。网络协议主要研究内容为新一代网络协议、IPv6、服务发现和自我配置机制及其与现有机制的衔接；传输管理的相关文献指的是传输过程基于字节或数据包传输，也有文献指在各种不同网络环境下无缝传输；检测研究主要是对捕获、抽象、取得的情境信息进行检测评估，一般来讲，检测机制包括检测算法、检测工具及检测手册；网络需求研究动态环境下的需求收集方法；网络实施涉及能提供情境感知计算的网络普及应用。现有研究大多集中在网络层中的情境感知服务应用上，也有一些研究工作在检测功能中开展，这些研究只围绕网络层开展，并没有涉及网络层的真正核心部分。

（3）中间感知层。

中间感知层汇聚了情境数据收集、处理及推导出有用信息的所有过程，情境感知服务系统依靠中间感知层提供定制服务，中间感知层的种类繁多，文献［75］提供了6种类型，分别为：基于Agent感知、反射式感知、基于元数据感知、基于数据空间感知、基于自适应感知、基于Osgi感知；其中处于中心地位的为移动代理商，他能提供众多的中间感知服务应用收集情境信息。自动状态下、积极主动且合理的协同收集信息提供合适服务，因为情境感知系统由许多动态交互组成要素构成。

（4）服务应用层。

现阶段有许多情境感知应用，能为用户提供智能环境服务，比如智能家居、智能医院、智能教室等。当用户想游览一个陌生高校的时候，智能校园能为之很好的服务。情境感知应用包括信息系统、决策支持系统、通信系统、移动商务、智慧旅游等诸多领域。基于国内外文献的归纳，本书将情境感知服务抽象为以下几种：①计算设备运行完全独立。为给用户提供即时服务，情境感知应用根据捕获的情境信息定制相应服务，全程无须用户介入；②情境感知应用预测未来行为或目标。情境感知应用不仅用来处理现有问题，更重要的是预测用户未来行为、行为指向和问题所在；③情境感知应用中各种设备相互识别并联系，通常最近位置的传感器提供服务，因为距离越近越能清晰把握用户所需；④情境感知应用能为移动用户提供强有力的技术支持和丰富的功能应用。

（5）用户交互层。

移动状态下，用户手持智能终端必然涉及多个情境要素不断变化，而且终端设备的显示屏幕也会对移动情境感知有重要影响。动态环境下情境感知系统的可用性就成为衡量应用系统的关键指标。因此，用户交互方式和系统可用性成为情境感知服务的两个重要衡量指标；其中用户交互方式领域，基于内容自适应移动智能终端的移动感知应用已经面世了，它能够感知移动计算环境、人机交互方式和终端屏幕大小等要素。可用性研究涉及问卷调查、访谈、专家评估等方式对情境感知服务进行评估，可用性评估方法可以在台式计算机上进行，研究人员通过设计问卷调查来评估情境感知系统，也有通过检测人机交互方式评估的，研究结果表明混合式评估方法通过比较用户交互方法认知可以起到支持情境感知系统可用性的效果。

3.3.3　图书馆情境感知服务系统模型

智慧图书馆情境感知服务不仅需要实现用户的无缝跨系统访问需

求，而且需要满足移动用户动态情境环境下推荐服务的实时性、准确性需求。情境感知服务完成一个用户的个性化需求的大致流程为：用户情境信息获取、用户情境偏好提取、数字资源本体构建、用户情境偏好与数字资源匹配、发送信息服务结果、更新用户情境模型等任务。因此本书把智慧图书馆情境感知服务设计主要细分为五个步骤：用户情境信息的获取与更新合成模块、数字资源本体构建模块、用户情境偏好模型构建模块、数字信息语义匹配模块、基于情境感知的数字图书馆推荐服务。具体设计思路如图 3 - 4 所示。

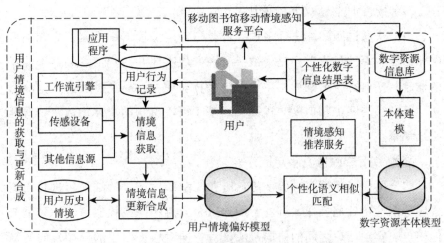

图 3 - 4　图书馆情境感知服务模型

（1）用户情境信息的获取与更新合成。

情境信息获取模块负责从分布广泛的传感器、工作流引擎、3G 手机等终端设备中采集原始情境并进行初步处理，使情境感知与实际使用相分离，该模块的主要功能有情境的建模、过滤、推断和存储，其目标是通过对原始情境进行过滤、推断后得到各应用所需的高层情境。

（2）数字资源本体构建。

根据数字图书馆实际使用需要，构建数字资源本体，它分为两层：

上层本体和数字资源领域本体[21][93]。上层本体由情境信息涉及的各种实体概念抽象而成，这些概念还可以各自细化成子类别；领域本体包含图书馆应用中数字资源领域的具体子类（诸如图书类别、出版社、作者等）。

（3）用户情境偏好模型。

上文3.1节重点介绍了如果构建情境偏好模型，主要是对捕获的情境信息进行分析并根据主题内容进行分类，利用余弦相似度公式计算情境信息与领域本体中概念权重，权重越高表明用户兴趣越大，以产生模型实例进而描述用户情境偏好。

（4）数字信息语义匹配模块。

该模块通过匹配算法确定数字资源与特定情境下用户偏好之间的匹配相似度，算法过程首先是将数字资源领域本体和用户情境偏好本体中的概念与实例都映射到通用本体概念结构树中，然后在扩展的本体概念间计算两者的匹配相似度，进而得到基于情境感知的个性化数字资源匹配结果集。

（5）数字资源情境感知推荐。

结合用户情境模型对数字信息语义匹配模块产生的结果集进行重新排序等个性化处理操作，推荐给用户以及具有相同或相似情境需求的其他用户，实现用户之间的协同过滤推荐。同时根据用户的反馈及时更新情境模型，实现下一轮的个性化信息推送服务。

3.4　图书馆情境感知应用进展

情境感知服务的普适性和灵活性使其在图书馆领域具有广阔的应用前景，本节就情境感知服务在图书馆中的应用进展进行总结分析，列举分析了图书馆情境感知服务的一些典型案例。

信息检索：传统搜索引擎检索的结果无法满足用户不同情境下的用

户需求。智能环境下，用户的环境、终端设备特性等构成用户的搜索情境；个性化信息检索结合用户情境模式，挖掘用户兴趣偏好，为用户提供适合的 Web 信息，图书馆应用个性化信息检索技术可提高用户的查阅体验，且有效缓解多系统中存在的信息超载问题。

信息推荐：现有研究很多集中在信息推荐领域[4][76]。图书馆中现有资源包括馆务新闻公告、馆藏图书、电子资源、电影音乐等，为使用户尽快了解获取所需数据，图书馆信息推荐服务能够感知用户状态和请求服务，结合用户情境预测用户兴趣和目的，主动推荐匹配内容。

即时获取：利用图书馆现有信息系统，如 RFID、QR 二维码、WiFi 网络等，用户通过智能终端扫描即可获取相关数据。即时获取服务不仅便捷，而且实现了基于位置的实时信息服务。

虚拟参观：借助物联网技术，图书馆可以提供虚拟现实的功能。即用户可以通过网络浏览图书馆的馆藏展出、音频视频甚至图书馆 3D 游览等。极大拓展了图书馆的服务时间和空间，也给用户带来新的体验。

数字导览[94]：针对入馆的新用户，图书馆可以提供数字导览平台下载，或是基于 Web 网站的客户端 QR 码扫描服务。用户只需通过终端便可享受 SoLoMo（Social、Local、Mobile）服务，从而了解熟悉图书馆其他服务。

其他技术体验服务：图书馆移动阅读、远程打印、讲座培训、安全服务等都可以引入情境信息，同时情境感知服务在电子商务、移动旅游、智能家居、地理信息系统等领域的应用研究与实践也可引入图书馆领域。目前，图书馆情境感知服务还处于起步阶段，大规模应用面临许多问题与挑战，需要大量基础系统研究。

归纳起来讲，图书馆开展情境感知服务经常利用的情境信息包括：位置、时间、天气、学生信息、专业、终端设备等。结合上面的具体应用，本书归纳图书馆情境感知服务大概有三大类，具体如下：

（1）基于时间的图书馆服务。

用户不同时间段可能有不一样的兴趣偏好，图书馆可以根据用户时间提供差异化的服务，比如文献［95］推出大厅灯光自动开关服务，根据用户的时间和位置决定是否提供灯光服务。

（2）基于位置的图书馆服务。

智慧图书馆开展的许多情境感知服务都是基于位置的，用户位置信息的捕获方式有 GPS、RFID、QR 码等技术手段。比如科罗拉多大学博尔德分校图书馆实施了一个使用 QR 码链接地图和指令的标识系统[96]；哈德斯菲尔德大学、加利福尼亚大学欧文分校使用 QR 码链接纸质杂志和电子杂志[97][98]以及基于 RFID 技术的图书馆解读等。

（3）基于多维的图书馆服务。

图书馆特色服务需要依靠不止一种情境信息，需要融合多种情境要素同时作用。比如某些图书馆提供的安全服务，根据用户在某些特殊位置停留时间超过一定阈值即触发报警。

3.5　本　章　小　结

本章对情境感知技术在图书馆中的应用进行了论述，图书馆现有的众多系统存在"信息孤岛"和"信息超载"问题，整合信息系统提供智能化服务已成为智慧图书馆研究热点。情境感知服务依靠 RFID、QR 码、WiFi 等移动技术提供适合的信息服务，被广泛应用于其他领域。通过全书的研究，情境感知创新性服务给用户带来的体验以及对图书馆工作带来的重大影响，仍然需要大量细致、深入的系统研究以期进一步完善图书馆情境感知服务。

第 4 章

基于 SOA 的图书馆情境感知中间件架构

4.1 引　　言

无线网络技术的快速发展，同时给分布式计算、网络系统、无线通信和嵌入式系统带来了翻天覆地的变化，推动着上下游产业链的不断革新，比如移动智能终端、RFID 技术、QR 码技术等；无线网络应用于环境监测、基础设置监护、家庭医疗护理和交通控制等领域。这些应用都建立在不同类型及规格的设备上，比如服务器、移动设备、存储设备、传感器等；这些设备由不同的开发商提供，包括编译语言和通信协议都可能是异构的。由于无线网络中的设备、通信技术和软件组成都具有高度的分布式、动态异构特性，所以提供的服务其整合性、可扩展性、可靠度、安全性和可用性等问题都需要系统考虑。同时不同于固定网络计算，移动计算往往处于受限资源和不断变化的环境中，这些不确定因素将反作用于移动网络。一般的，受制于屏幕尺寸和大小的约束，移动智能终端配置往往偏低，而所处环境却需要高配置的计算设备以适应动态情境的变化。

　　中间件技术在分布式应用中发挥着重要的作用，依靠中间件技术屏蔽各个应用差异，透明地提供 Web 服务。许多项目依靠中间件技术提供了一系列分布式计算服务，抽象屏蔽底层网络服务整合为整体的"黑匣子"。依靠抽象的黑匣子，中间件能够屏蔽底层网络的细节，提供统一的接口，从而为应用开发商减少开发软件的负担。同时依靠中间件技术的规范能够屏蔽软件和硬件的复杂性和异构性，降低系统资源管理的难度，提高应用系统执行结果的可预见性。其次，中间件技术能够提供应用服务的重复使用，有利于提高应用系统的整合、监控及安全性方面要求。现有对中间件的研究主要有两个方向：一是为应用系统提供更优质的服务；二是在底层设备、网络及平台上提供更优质的屏蔽整合技术支持；虽然中间件在分布式计算系统中取得了不错的研究成果，移动操作环境下，传统中间件的发展遇到了新挑战，不同于固定网络环境，抽象整合分布式服务满足所有状态下的应用变得难以实现，移动环境下异构的设备、网络协议、操作系统显得更为复杂；情境感知中间件需要屏蔽大量且异构的底层实体及其相互联系。

　　近年来，面向服务计算被广泛应用于中间件技术中，成功地克服了传统单一模式和客户端/服务器端存在的问题并取得了不错的效果。基于面向服务计算的中间件能够很好地连接异构系统及组件，提供不同的通信渠道实现服务。Web 服务成为 SOM（Service-oriented middleware）成功应用的典型案例。然而特殊环境下，获取用户的情境才能提供合适服务，中间件系统获取情境信息自适应提供合适的服务成为当下研究热点。以人为中心的信息服务、中间件技术在主动收集信息的过程中如何不被用户察觉、乃至在服务过程中不至于干扰到用户成为时下棘手的挑战之一。SOM 并不能很好地解决上述问题，因为其在结合传统中间件技术在移动环境下的信息交互、移动支持、安全性及服务描述、发现和匹配问题等方面存在缺陷。本书提出一种基于 SOC 和普适计算相融合的中间件架构，称之为图书馆情境感知服务中间件架构，用以支撑图书馆情境感知服务模型构建。该架构融合服务计算和普适计算两者优点，不仅能够很好地屏蔽图书馆应用信息系统分布式、异构性问题，而且能够实现在图书馆范围内的智能化环境，实时感知用户情境信息进而提供合适的服务。

本章对中间件及面向服务架构（SOA）进行研究，结合普适计算自适应思想，提出了一种基于 SOA 的情境感知自适应中间件。其中 4.2 节为相关研究工作介绍，4.3 节从面向服务和本体形式化描述两方面对情境感知自适应中间件进行了分析；4.4 节提出了情境感知自适应中间件架构并对各个组件进行了解释说明；4.5 节对中间件自适应层中的自适应机制进行了详细论述，设计了一个情境敏感服务组件重组模型；4.6 节对本章进行了总结概括。

4.2　相 关 工 作

（1）中间件研究。

中间件技术根据任务的需要及在系统中所起的作用可以大致分为数据访问中间件、远程过程调用中间件、面向消息中间件、面向对象的中间件、事务处理中间件、网络中间件和终端仿真/屏幕转换中间件等类型[99]。按照功能划分可以将中间件划分为通信类中间件、模块类中间件、自适应中间件、情境感知中间件等类型。

其中通信类中间件主要是集成分布式计算系统为一个整体资源对外服务，降低系统开销。早期的中间件通过远端的过程调用抽象低级 TCP/IP 通信细节、通过本地过程调用或函数调来代替通信接口。

模块化中间件利用模块化设计思想，使可重用的服务组件被应用系统有效地组织、配置和使用。模块化中间件提供标准化的接口和应用技术支持服务重组，同时有效降低软件升级的复杂度，从而提升了分布式应用的可重用性及可扩展性。现有的研究成果有一般性的重组服务，如资源配置最优化、认证及重用[100]~[102]等，也有特殊领域服务的重组服务[103]。

自适应中间件[104]通过物化过程实时监测内部构建状态，也允许内部构建动态重组以改变其功能性和非功能性性能。非功能性性能配置通过改变或替代非功能性组件来实现，比如安全性监测和并发控制等；功能性性能配置依靠应用组件动态组合实现功能性需求以实现最终目的。研究成果有 ORB 通过结构反射和行为反射机制实现功能性和非功能性组件的动态配置；Dynamic TAO 也是一种基于组件的自适应中间件，该中间件能够实时监测并动态改变其非功能性的状态。

情境感知中间件通过测量系统所处环境情境信息，动态实时调整应用系统性能；即能够监控并评估实时情境数据并做出适时调整从而提高服务质量。通常可以划分为基于服务质量的中间件和用户定义的感知中间件。前者的研究成果有 MUSIC、CIAO、Qoskets 等[105][106]。用户定义的感知中间件不仅仅关注情境信息，还有诸如安全性监测等，文献 [107] 列举了许多研究成果。

（2）面向服务研究。

SOA 是一种追求敏捷性的面向对象的体系结构，在商业领域被誉为企业服务总线（ESB）或信息代理人[108]。遵循该体系架构开发的应用系统能够觉察业务的实时动态变化，其模块化业务服务思想对于应用系统集成、重构和应用都相对简单，同时应用系统在可扩展性和可复用性方面表现也很出色，许多企业正在利用 SOA 思想创建一个灵活且适应性强的信息系统环境。至今有许多文献详细地论述了 SOA，归纳起来可以细分为实时 SOA、事件驱动 SOA、服务组装、分散式处理等。

其中实时 SOA 主要为应用系统服务基础研究所关注，实时支持常被视为嵌入式系统功能的延伸，能够配合系统提供任务时序安排、事务处理通信、内存管理和能量支配等功能。实时 SOA 研究集中在以数据为中心的面向服务系统方面，相关研究成果为概念性的服务框架为主[109]。

事件驱动 SOA 指的是在特别适合松耦合通信环境里，主要是针对服务和辅助系统之间提出明确的退耦方式。文献 [110] 介绍了服务可以通过物理端点上下文获得信息和知识，在事件代数中给出上下文语义及检测算法。文献 [111] [112] 提出了采用事件驱动的 SOA 生命周期方法事件处理机制。

服务组装是一个制定服务的方法，不需要掌握整个业务流程，只基于服务自身功能进行组合的方式[113]。这意味着服务组合对外是封装了内部细节的，服务组合提供了一种服务分散机制，不需要集中工作流程引擎全程监控，有效降低系统负担的同时也提高了并发度[114]。需要注意的是，一个分布式环境下，服务组合过程存在着语义冲突的可能，对于实时程度要求严格的场景服务可靠性成为其主要障碍[115]。

去中心化是指大多数研究都是基于分散式的，即对整个工作处理划分为几个独立的部分。大多数的商业系统都可以这种方式，通过服务封装和网络资源调用使得异构网络环境下实现松耦合、组合化服务，进而实现异构资源的集成和共享。

（3）面向服务情境感知中间件。

本节详细介绍情境感知自适应中间件相关研究工作。

①情境感知自适应中间件。

研究结果表明，应用系统需要一个中间件层以自适应动态情境变化，许多有代表性情境感知服务系统提供中间件层。这些系统根据封装的底层机制提供自适应决策。自适应决定可以在应用层也可以在中间件层做出。在应用层做出自适应决定又称应用感知方式，能够提高应用系统提供商的灵活性，以获取所需信息，同时也会增加应用系统提供商预测所有潜在场景的负担；在中间层做出自适应决定又称为应用传输方式，让应用系统提供商从何时、以什么方式去适应场景的问题中解脱出来，从而专注于应用系统的功能性结构。

文献［116］属于应用层自适应方法的早期尝试，中间件检测感兴趣的情境信息，提供服务的所有变化给应用系统；底层程序负责解释情境信息并作出最佳决定以适应情境变化。这种方式为应用系统提供情境感知服务成为可能。这种自适应存在的问题就是计算强度太大，应用系统需要实时获取所有可能的情境变化数据，并随时给出自适应决策方案；同时，基于Odyssey的应用系统需要为新的情境信息修改或重编译代码以产生相匹配的策略。为了防止类似于 Odyssey 的重编译需求，许多情境感知中间件系统[117][118]引入一种反射式机制动态配置应用服务，然而在动态环境下，并不能很好的解决情境自适应计算量大带来的挑战。文献［119］属于中间件层传输自适应方法，通过构建中间层来协调服务配置从而适应情境的变化。通过这种方式，应用层软件不需要考虑如何适应、何时适应情境信息的问题，完全交由中间件去解决，进而集中精力关注应用服务功能结构即可。

②面向服务计算中间件。

近年来，无线网络服务计算领域涌现出了许多研究成果，其中大多数成果是基于中间件技术，依靠中间件技术能够很好地解决异构、分布性及应用异质等问题。然而传统的中间件体系结构需要建立在大计算、存储能力和通信量基础上并不适合在无线网络环境下推广。

文献［120］提出一种基于组件的中间件，能够在异构环境下提供动态重组服务。涉及的服务包括网络服务下通知、发现及协调服务。文献［121］提出了一种面向服务中间件应用于智能家居系统中，中间件对传感器及底层硬件系统负责，封装使之成为服务的一部分。文献［122］提出一种普适的面向服务中间件系统，这种架构定义资源管理层协调底层设施资源信息共享的任务，Misence 是一个开放性的中间件模式，新的服务可以实现"即插即用"。

③基于本体的情境感知自适应机制。

使用本体来实现情境感知并不新鲜，一些基于本体的情境感知模型应用于众多领域[123][124][125]。比如文献［123］提出一个基于 OWL 编码的情境本体模型应用在普适计算环境中，支持逻辑推理。同样，文献［124］［125］使用本体对情境实体进行概念化抽象，即情境建模。然而已有的本体情境感知应用中没有能够直接提供自适应决策服务的案例，本书认为在情境感知领域应用本体获取知识外，还可以辅助应用系统做出自适应决策。这样有利于发现情境信息和应用系统之间的匹配关系从而帮助中间层理解这些实体之间的关系，从而做出合理决策。

4.3 图书馆服务中间件技术分析

本节分析图书馆情境感知服务中间件设计所采用的技术方法，主要是采用怎样的程序设计模式。其中程序设计模式中常用的有情境驱动模式和面向服务模式，相关研究所持的观点各有差异，本书认为智能空间内采取面向服务的方式感知情境更适合系统的部署和应用。本节内容主要是对情境驱动模式和面向服务模式进行分析。

（1）两种架构设计模式。

情境驱动模式：智能图书馆可以看成是一个有边界且环境相对封闭的场所，其内部的情境信息可以被观察、监测且不受外部环境的影响。时空数据能够使用逻辑关系进行描述。比如图书馆馆内冷、热、潮湿、干燥等信息可以直接通过传感器捕获。情境可以按照应用需求进行偏好约束，比如阅览室相比"寒冷且干燥"更偏好于"温暖且湿润"。对于智能图书馆可以使环境的情境信息向偏好的理想状态信息转换。如果情境信息显示为"火和烟"那么可能触发应用系统的警示功能提醒管理人员的注意，并通过合理方式改变传感器所处情境数据。这种模式需要准确的定义操作语义和如何合理改变情境数据。

面向服务模式：该模式将关注点集中于提供的服务，而不是周围所处环境。比如为了提供图书馆环境控制，智能服务可以从终端传感器中分别获取温度和湿度信息，并能够操纵空调器、加湿器等设备根据一些预定义的算法实现温度、湿度控制。服务是可以组合的，所有复杂的服务可以分解为若干个简单任务精确协作实现。

（2）两种程序设计模式特点。

情境驱动模式特点有：①明确性：智能空间通过描述逻辑进行描述，中间件及各种应用都能准确获取实时状况，根据事先定义好的规则进行操作，系统的所有行为都是清晰明了的。②互操作性和可扩展性：

无论是已有的还是新加入的移动智能终端或传感器，其行为都是根据已定义好的规则展开合作或集成，具有很好的扩展性和互操作性。③情境数据冲突监测：情境驱动模式对于情境数据精确性要求特别高，由于情境信息通过描述逻辑表述，系统能够更加容易识别相互矛盾的情境数据。④获取环境效应：情境驱动模式是一个反应式、被动感知系统。系统虽然知道理想的状态特征，该模式依然被动感知情境数据的变化然后做出适当反应。⑤自动调整和机器学习：执行器的作用是在有效的情境数据描述之间的转换。因此，可能透过传感器利用机器学习技术获取执行器达到的效果，从而使执行器达到准确的状态。

面向服务模式的特点有：不同于之前介绍的情境驱动模式，面向服务模式常被视为主动、推理。①细粒度及授权控制：面向服务采用细粒度控制方式，采用积极主动方式提供预定义服务，相比情境驱动方式，面向服务模式能够提供更为紧密的控制策略。②基于历史数据的决策制定：情境驱动模式仅仅是当前环境的变化触发对应服务，最大的不足是缺乏对历史数据使用，不能判断当前情境数据和历史情境数据之间的关联，而面向服务模式能够理解和跟踪历史数据其相关行为信息。③组合服务：面向服务模式可以通过中间件的封装形成模块化的服务组件，模块化的组件便于重组、集成。④普适性及推广性：长远看，面向服务模式更有生命力。首先该模式很像传统的程序设计模式，很容易理解并创建服务任务；其次从商业角度看，服务提供商也倾向于提供便于封装、集成和重组的服务，这样方便与远端部署及维护。图书馆如果采用情境驱动模式，则对于每个新引进的信息系统都要设置相应的情境描述，并提前规划好触发行为，而面向服务模式则不需要，相对降低了部署难度和维护成本。

（3）图书馆情境感知中间件模式。

通过上述内容的陈述、比较两者特点，本书认为图书馆情境感知中间件设计更适合采用面向服务模式。主要基于如下考虑：图书馆信息化过程中存储有大量有价值的历史数据，采用面向服务模式可以极大挖掘这些历史数据的价值；其次情境感知服务能够积极主动地推荐给终端用户，而不是被动的响应特殊情境的发生；还有就是服务的动态组合可以衍生出许多个性化服务满足用户需求，在降低服务提供商开发软件负担的同时又可提升用户体验。

4.4 基于 SOA 的图书馆服务中间件架构研究

本节在分析现状及相关研究工作基础上，融合面向服务和普适计算的双重特点，为智能图书馆情境感知服务系统设计了一种面向服务的中间件架构，如图4-1所示。该中间件基于分层的模式设计，该模式主要以横向分层形式构建，同时辅以纵向结构作为补充。其中横向主要结构有资源层、适配层、基础服务层、组合服务层和应用层；纵向结构有情境感知管理、知识库、可使用性和实时支持等功能模块组成，具体描述如图4-1所示。

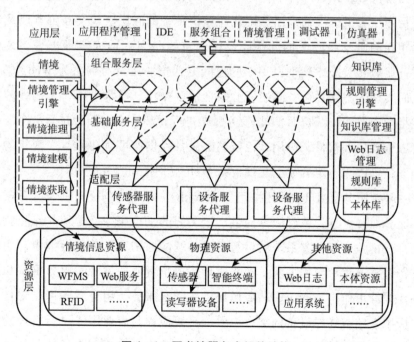

图 4-1 图书馆服务中间件结构

资源层指部署各种图书馆信息服务的所有资源，包含被动和主动的对象。比如，由应用系统服务商提供的信息服务、底层硬件设备（RFID传感器、读写器、智能终端设备、无线网络设备）、软件资源（操作系统、网络协议、通信协议等）、外部资源（图书馆智能空间知识库系统、用户情境本体库设计）和其他资源（RFID标签及二维码附着物、图书音像等）。通常而言，图书馆数字化过程中会存在多个异构网络，不同网络设备基于不同的方式连接，比如有线网络、无线网络，高速多媒体网络、传感器网络等；造就了物理层存在大量的私有通信协议和不同的硬件接口规范，这些协议和接口的异构性，使得物理层各资源之间的互联互通成为数字图书馆信息技术领域一个急需解决的难题。资源层一般通过传感器和执行器，主动观察、控制和捕捉服务层所需的对象数据。

适配层处于物理层和服务层之间，主要用于屏蔽物理层各个资源的异构性特征，以统一标准化的接口形式和服务层进行交互。适配层的主要目的是为了解决物理层基础软件异构带来的底层资源交互困难以及服务相互调用难以匹配的问题。具体的方式是引入面向服务思想，结合Web服务相关技术标准以一定的适配方式把底层资源抽象为Web服务，从而实现图书馆各设备间的资源共享及互操作。通常采用基于代理的方式将物理层的资源按照Web服务标准进行封装。本书认为在网络协议中植入服务代理软件，应用软件及基础设备提供商可以在不改变现状的基础下，可以在一定程度上实现设备Web服务化和服务集成。

基础服务层处于适配层之上，基础服务由应用系统提供，所有资源都能获取并共享，基础服务提供已定义好的基本服务，管理并保障应用信息及情境感知服务系统的运行；对系统的通信和计算进行抽象，用以支持服务重组和应用需求；在普适环境下负责服务发现、服务重组和服务传输等工作。不同于单一应用提供的固定服务，组合服务可能来自多个应用系统或终端设备的组合，所以系统应该具有对服务进行管理的能力包括：发现其他设备及其功能；封装远端设备成为服务组件并与之保持联系；发布已知服务特点并允许远端设备访问；监测资源状态等功能。服务管理主要由三部分组成：服务发现、服务组合和服务获取。同时还需要对底层资源进行相关管理，具体包括：①节点管理：在动态环境下对接入退出网络的移动智能终端及节点进行管理；②数据管理：主要负责数据获取、存储、一致性检测、分析及数据挖掘等任务；③资源发现：主要负责发现新接入的服务节点并对其进行规范化描述；④资源管理：负责管理各基础节点资源；⑤资源整合：以某种方式对各个资源进行整合完成具体任务。

组合服务层主要是根据外部情境变化或是外部服务组件可用性约束对现有服务进行适当调整。情境数据变化由情境模块获取，外部服务组件可用性由基础服务层进行检测。组合服务层主要由自适应模型、自适应解释器、服务配置设计、服务配置实施和自适应控制器等模块组成。其中自适应建模是用户按照自己的偏好进行设置的，比如基于时间、空间、温度的需求对所提供的服务进行预置性设置。自适应建模阐述了用户的类型和计划；自适应控制器协调自适应建模和实际情况的匹配度，他首先通过自适应解释器寻找最可能匹配当前情境的服务配置，如果该配置和正在运行的服务组合模式不符则会触发服务配置设计模块，服务配置设计模块会按照最优匹配模式进行规划，最后由服务配置实施模块负责执行。为了防止服务配置被另一个自适应规划替代的频繁出现，自适应控制器可以设置一定时间范围内免于触发自适应解释器。

应用层处于中间件的最高层，提供了访问软件涉及到的传感器、执行器或其他服务组件的接口。依靠中间件的辅助实现了应用服务于物理层终端设备的分离；依靠中间件提供的特定端口连接，实现了包含监视和控制情境感知服务中的实际应用和组合服务应用功能。在图书馆领域，能向读者提供图书馆智能空间的各种数字化信息服务，如自习室位置预定、温度湿度调节、灯光设置、安防监测等服务。这些应用依靠应用层提供的 IDE 接口进行开发，应用层主要提供的可编程接口包括：情境数据管理接口、知识库管理接口、规则库管理接口、应用服务管理接口；其中情境数据、知识库、规则库接口由其相对应的管理引擎提供，应用服务接口用于管理服务层发现的服务及中间件对服务进行适当管理。

情境支持是情境辅助与基础服务层，用以支持组合服务层的实时决策。主要是负责对情境数据的获取、存储、建模、推理、抽象为更高层次的情境数据；对多样化的情境信息建模，存储和提供规范化的历史和即时信息。一般分为三个模块：情境获取、情境建模和情境推理。其中情境获取指的是从不同的终端收集原始情境数据，既可以从单一传感器单元也可以从多个传感器组合而成。收集到的数据存储起来以便进一步的使用，由于原始情境数据存在噪声数据及不一致情况，需要进行预处理操作，剔除不一致及噪声数据，然后以特定的模式形式化表述情境，即情境建模；情境推理模块为将底层情境数据归纳抽象为上一层情境数据，以便萃取潜在有价值的情境信息。当情境模块检测到特定数据变化有必要触发原有既定服务进行调整时，情境模块会依照规则库为自适应模块提供必要辅助。此时自适应模块做出及时调整并将信息反馈回情境模块。

知识库支持。相对于动态情境而言，知识库是静态的知识。由情境本体库、服务规则库、工作流程规则集、服务简要描述等模块组成，其中情境本体库指的是情境感知服务涉及到的客观实体和客体所包含的本体资源描述；服务规则库包含了业务应用或是组合服务必须遵循的规则；工作流程规则指的是组合服务的工作流程控制涉及的相关规则；服务简要描述指的是对情境感知服务中应用系统的静态、简明扼要描述。本书认为基于用户情境的本体规则推理能够更好地契合用户偏好的突变情况，结合面向图书馆情境服务规则库自动生成工作流程提供给用户，从而实现动态环境下的个性化智能服务。

图书馆情境感知服务中间件架构除了以上主要模块之外，还需要考虑跨层支持管理，诸如可靠性、隐私性和安全性功能设计。普适应用往往以人为中心实时提供服务支持，基于普适服务特性，服务的可使用性应该建立在情境不断变化的基础上，比如火灾预警、安全监控等服务系统的可使用性必须安全可靠，否则极有可能酿成大祸。所以应用系统的可使用性和可靠性是普适应用必须重点关注的话题。安全性是另一个值得关注的，其中容错性主要涉及底层设置相关的以及软件和服务本身相关的，安全性支持和隐私性相互制衡。跨系统架构服务设计允许创建一个执行框架，对服务组件提供了强大的生命周期和运行风险分析管理功能。主要包括咨询服务、运行管理服务、安全性控制和节点配置服务功能。咨询服务指服务组件获取所需参数，保障各组件之间的通信畅通。运行管理服务负责运行过程中组件的加载和卸荷；安全性控制提供众多安全议题的处理操作，主要针对情境感知和服务组合管理的容错性和安全性支持。节点配置服务允许对运行的网络协议、无线信号强弱、资源配置、组件示例、通信安全级别设置等。

4.5 图书馆情境感知中间件组合服务机制

情境感知中间件组合服务机制能够根据实时情境动态组合服务组件，这种机制带来的好处就是提供商彻底从预测、规划和维系自适应规则的工作中解放出来。因此极大地降低了开发情境感知应用的成本，为提供高质量的情境感知服务变为可能。其主要由三个阶段构成：规划设计、知识库、决策制定[126]。其中规划设计阶段涉及构建情境感知应用和辅助自适应决策机制，自适应决策指在众多候选项中选择一个和情境最匹配的服务，由此可见自适应决策的制定会受到情境感知应用相关性能的约束，也就是说一个好的规划设计会直接影响自适应决策的制定。知识库阶段指的是知识的获取和表示，决策的制定基于决策者的知识，因此中间件在做出组合服务决策之前就应该获取并理解必要的知识；决策制定阶段指的是选择最佳方案的策略，涉及评价、选择和动态调整备选方案。

4.5.1 规划设计

一般来说，情境感知适应机制实现的方式有两大类：变换适应和组合适应。相比变换适应，组合适应在自适应领域表现更好。变换适应需要静态定义很多变量描述应用情境，再根据已经制定好的适应规则执行。而组合适应表现简单而又灵活，首先应用的组合由一系列的组件动态完成，通过增加、删除、替换或改变相互联系的应用算法、架构实现有效的动态情境反应；新组件和功能结构的加入并不会影响已有单元的运行。组合适应机制中应用系统功能被组合和封装在不同组件中，情境感知适应机制由组件的动态组合来实现；更为重要的是，供应商只需关注规划设计不同的组件实现应用系统的功能，剩下的工作有中间件来组合完成。即由中间件负责什么时候以什么方式组合不同组件应对周边动态情境的变化。

本书认为图书馆情境感知中间件规划设计阶段包含两个主要概念：服务和服务组件，服务指业务流程的抽象，一般服务由若干服务组件组成。服务组件为一个小的服务执行单元，执行特定的指令并将结果传输给其他任务或终端用户。服务组件分为两个部分：数据处理部分（data-let）和数据传输部分（data base），前者关注任务的数据计算问题，后者关注数据传输问题，如调整和自适应以便传输数据。服务组件的数据处理部分能够清晰描述正常运行及最佳运行的情境需求信息，这些情境信息通过本体进行表述。这个特征使得服务组件具有情境感知能力，当周边情境发生变化，服务组件单元可以使用不同的数据处理以适应。服务组件单元被细分为核心服务组件和扩展服务组件两大块，在组合服务中，一些任务可以通过动态组合以满足不同任务的核心服务组件和扩展服务组件。服务组件的数据传输部分具有三个目的：一是负责和其他任务的数据交换功能；数据传输通过输入输出接口接受和传输执行数据，每个端口只能通过特定类型的数据。二是数据传输具有数据处理代理服务器功能，每个需要数据处理组件处理的数据都需要经过数据传输，经过数据传输的缓存并输送给已经准备好了的数据处理组件，同样，数据处理组件处理完的数据也需要经过数据传输输送给端口。三是数据传输部分约束着数据计算部分的性能要求，由于输入输出都被预先定义，数据计算部分的性能就受到特定约束。

服务组件单元通过信道连接起来，动态组合完成预订服务。信道被用来连接任务执行单元的输入输出端口，其中输入输出端口都是规划化设计以便于无缝传输，数据在信道中传输具有实时、安全、无损等特点。如图4-2所示。

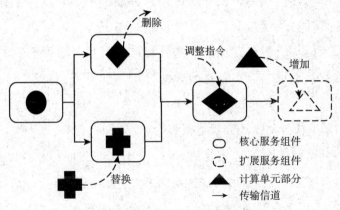

图4-2 规划设计示意图

通过规划设计示意图可知，服务组件单元的增加删除相对简单，有利于系统自适应构造，同时由于操作数据都存储在数据传输中，数据处理单元只负责数据的处理以实现目标功能，对外通过接口进行通信。对其他任务执行单元来说，数据处理犹如"black box"，前后部分数据处理由数据传输连接到端口因此计算单元（datalet）的删改不会影响数据的不一致性问题，由于数据传输存储的数据不会随着自适应的调整而发生错误，能极大提高系统的健壮性。

4.5.2 知识库及本体设计

知识库模块负责获取所需知识并进行表示。决策制定需要相关知识，因此在做出决策之前中间层必须获取并理解众多知识，好的知识模型是进行自动匹配机制的基础。情境感知服务决策制定聚集于在当前情境如何选择合适的组件。因此自适应决策的制定大致需要如下信息：①目标服务所需：功能性和非功能性需求，比如功能性表述、性能描述、结构数据、安全性、实用性等信息；②可用组件属性描述：功能性和非功能性描述，比如该可用组件能提供的功能、服务性能及和其他组件的通信接口信息等；③可用组件服务情境信息：获取可用组件运行所需环境信息，比如物理环境信息、计算资源等；④当前实时情境数据：获取当前实时且准确的环境和计算资源信息，以便决策时全盘考量。

已有研究很少对上述知识进行整合，不同的应用提出不同的获取和描述方案。比如体系结构描述语言[127]，用来描述应用软件结构属性。交互接口描述语言[128]，用来描述系统各个组件之间的接口交互；情境描述语言[129]用来描述情境信息。以上方式在解决部分知识方面取得了不错效果，但在自适应决策方面却并不好，主要是因为上述四方面知识很难被单一的描述语言表达清楚，从而没法实现无缝整合。为了实现自适应决策，本书提出了一个基于本体的知识模型以获取和表示上面知识。依靠本体来获取和表示知识及内在的语义关系，从而方便情境感知自适应决定。

本书认为自适应知识库的本体可以分为：情境本体、服务组件数据处理本体、服务本体三部分。情境本体指的是不同的实体在动态环境下共享的情境信息；任务计算组件本体描述的是独立组件属性及运行所需最佳情境信息，包括服务组件功能、数据结构；服务本体描述的是情境感知服务属性及需要的组件信息（datalet）。

4.5.2.1　情境本体

图书馆情境感知中间件通过一系列属性去刻画描述实体情境，比如 RAM 内存实体可以使用关键词 hasCapacity 和 hasFreeSpace 去描述其容量和现有可用容量。一般情境实体用三元组变量形式化表述（entity，property，value），各组成要素描述如下：

entity∈E：情境实体，具有可以唯一标识符合的描述对象，如用户、计算终端、空间等。

property∈P：属性，用来描述情境实体的一系列属性，如 hasCapacity 用来描述 RAM 内存的总容量。

value∈E：具体值，属性的值，如 RAM 内存属性 hasCapacity 具体的值为 1GB。

图书馆情境感知中间件通过定义情境实体类来描述情境实体，同时重用一些被广泛接受的情境类，如用户类、物理环境类、移动终端类、等扩展情境实体类。如图 4-3 所示。用户类是有关用户特征的描述，如用户年龄、能力、活动、社会关系等；物理环境类是有关空间的具体描述，如位置、时间、温度、湿度等；移动终端类描述的是移动智能终端的特征，如重量、大小、操作系统、可交互方式、待机时间等，还包括终端所处的软硬件环境，如软件、硬件、通信协议、网络需求信息等。中间件情境类定义了大多数普通情境实体及其属性，这些属性值可以转化为基于 OWL 数据类型值表示。通过获取情境变量的物理场景具体值，从而实现情境解释、推理，乃至辅助自适应决策制定。比如 CPU 的能力可以通过时钟频率和实时任务推断出来，（cpu，hasClockRate，<300 兆赫）$\wedge$（cpu，hasLoading，>=90%）→（cpu，hasAvailability，低）。具体内容详见第 5 章。

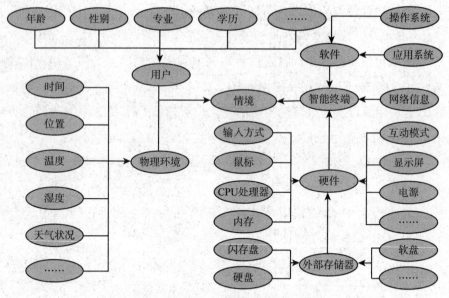

图 4-3　情境本体设计

4.5.2.2　服务组件数据处理本体

负责定义中间件服务组件数据处理信息。情境自适应机制中中间件需要获取准确、清晰的服务计算组件信息，这样才方便动态组合完成规定的服务。所以服务组件数据处理本体的目的即是提供规范化数据处理表述。如图所示，数据处理类使用 implementedBy 属性来描述数据处理实施所需的相关代码编辑。数据处理的功能描述通过 provides 属性表述，数据类型输入输出数据类型（hasInputDataType 和 hasOutputDataType）属性描述。同理，功能和数据类型类也能使用 implementedBy 属性定义他们的编译代码路径。

服务组件数据处理本体通过 Context Condition 类定义情境数据需求，特定情境描述比如"RAM 内存可使用容量必须大于 200MB"，可以表述为四部分：一是情境实体 RAM，二是情境实体属性容量，三是情境实体属性值 200MB，四是可以进行比较的运算大于 200MB，在数据处理中可以表述为四个实体属性：hasEntity，hasProperty，hasOperator 和 hasReferenceValue，如图 4 – 4 所示，描述的就是一个状态下的数据处理本体。

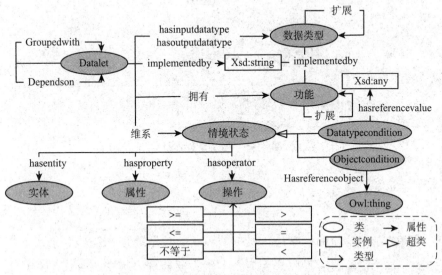

图 4 – 4　服务组件数据处理本体设计

4.5.2.3　服务本体

描述的是中间件组合服务机制中的服务本体信息，服务提供商要求提供他们的特定领域的服务本体来描述和服务相关的属性信息，从而动态扩展这个本体库信息。如图 4 – 5 所示，服务由一系列的服务组件单元组成，包括核心服务组件和扩展服务组件，服务组件通过需求属性详细说明数据处理的功能需求，需求属性值和数据处理本体相关属性值相对应。服务组件拥有许多输入输出接口，每个接口只接受特定的数据类型的数据，通过信道传输。信道两端连接着服务组件的输入输出接口从而实现服务组件的互联互通。

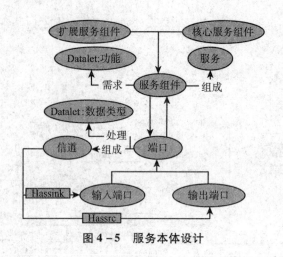

图4-5　服务本体设计

4.5.3　决策制定

决策制定阶段的任务是选择一个最好的数据处理去匹配给定的数据传输。整个决策过程可以分为三个步骤：预处理、筛选和决策。在预处理阶段，情境感知中间件对接收到的本体信息进行预处理，一般经过如下三个过程：①情境感知中间件接收本体信息；②情境感知中间件将这些本体转化为客观知识确保知识中的信息一致性；③一致性检测后，本体将进一步分解为服务本体、服务组件计算本体、情境本体。在筛选阶段，使用筛选元规则剔除掉不符合当前情境信息的数据处理，元规则涉及四个部分：情境实体、实体属性、属性值及比较操作；一个合适的服务计算组件数据处理应该满足四个方面的情境信息。如果在决策阶段不止一个后备选项，使用决策元规则在筛选结果中选择最佳方案，即筛选阶段涉及的4个部分偏好有不同的权重，进行权重分析得出最佳数据处理。

4.6　本章小结

本章对中间件技术进行了分析和总结，提出了基于 SOA 的图书馆情境感知中间件架构，该架构结合了面向服务和普适计算的双重特点，对架构的重要组件进行了解释说明；本章提出了图书馆情境感知中间件组合服务机制，该机制由规划设计、知识库及本体设计、决策制定三阶段组成，能够实现中间件实时动态组合服务的功能。

第 5 章

图书馆移动服务情境本体设计

5.1 引 言

过去的几十年中，互联网成为主要的信息集散地，成为众多新媒体、通信、贸易、教育和娱乐的主要载体平台。信息的急剧膨胀导致信息超载的出现，而且是以不同的数字格式、多样的媒体渠道传播着，用户面对海量数据更容易产生焦虑情绪。特别是在移动状态下寻找数据越来越困难，为解决信息超载问题人们提出"个性化服务"概念，其目的就是构建用户模型基础上，从而提供个性化服务。个性化服务指应用系统能够在"Right"场合下以一种"Right"方式给"Right"用户提供"Right"信息[130]。个性化服务一般由建模、推荐输出、评价反馈三阶段组成，其中建模是基础，依靠建模技术了解其独特偏好和需求从而提供个性化服务成为可能。

近年来，基于本体的图书馆移动服务建模技术日益成为个性化服务领域的重要研究分支，基于本体的个性化检索系统被应用在公共服务领域（数字博物馆导览、数字图书馆查询等），国内外也有相关学者和研究机构将本体建模技术移植应用到移动用户服务中去，然而在国内基于本体的图书馆移动服务情境建模研究成果却鲜有发现。全书利用本体技术，构建融入情境的图书馆移动服务模型，为移动用户个性化服务提供必要的理论支持。并以此为基础设计建立智慧图书馆移动服务情境模型，并使得构建的情境模型具有准确的语义信息和良好的扩展性，能够很好地支持跨平台逻辑推理和知识共享。

5.2　相　关　工　作

5.2.1　本体的分类

本体的应用领域非常广，不同的应用领域导致本体概念也各不相同，研究机构和人员进而建立了各具特色的本体。根据本体应用主题，最为广泛的划分本体方式为如下六种类型：

①顶级本体：描述的是最普通的概念及概念之间的关系，与具体的应用无关，其他种类的本体都是该类本体的特例。

②领域本体：它们提供该领域特定的概念定义和概念之间的关系，提供该领域中发生的活动以及该领域的主要理论和基本原理等。对特定领域的本体研究和开发目前已涉及许多领域，包括企业本体、医学概念本体、陶瓷材料、机械属性本体等。

③通用或常识本体：描述的是特定领域（医药、汽车等）中明确的概念及概念之间的关系。提供常识知识在不同领域的使用，还包括对这些概念的时间、空间、功能和事件等方面的限制说明。通俗的说相同关系在不同领域中的意思可能不一样。

④知识本体：它提供对原有知识的定义能力，在一个特定的领域中可重用。

⑤任务本体：描述的是特定任务或行为中明确的概念及概念之间的关系。和领域本体有点类似，经常添加描述特定任务下关系的细节和确切具体含义。

⑥应用本体：描述的是依赖于特定领域和任务的明确概念及概念之间的关系。在领域本体中具有确切含义以夯实应用系统。

5.2.2　本体建模原则、工具及过程

（1）本体构建原则。

目前关于本体构造的方法以及相应估评的研究很多，但是还没有一个统一的标准，全书根据相关文献概括提出了以下 7 条原则：

①明确性和客观性。本体概念应该是明确的、客观的语义定义。逻辑推理定义应该在充分、必需的条件下进行，每个精确定义都应该在自然语言描述下完成。

②完全性。即所给出的定义是完整的，完全能表达所描述概念的含义。

③一致性。即由概念得出的推理结论与其本身含义相一致。

④最大单调可扩展性。本体概念的定义方式应该保证属性的扩展可能，而无须修改原有结构和内容。

⑤最小承诺。概念模型构建应该独立于实施环境和具体的编码语言。

⑥最小编码偏差。即对建模对象应该尽可能减少约束。

⑦兄弟概念间的语义差别应尽可能小。使用多样的概念层次结构实现多继承机制；尽可能使用标准化的术语名称等。

（2）本体的构建工具。

近年来，本体构建工具的发展比较迅速，出现了许多本体建模工具，多位研究人员对本体的构建工具发展进行了综述[131]，目前应用广泛的本体开发工具有许多，具体可以细分为：①基于 AI 本体描述语言构建工具；②基于 Web 本体描述语言的构建工具；③还有支持多种语言

的构建工具等。

本书中图书馆个性化服务系统本体构建所需工具选用 Protégé。Protégé 由斯坦福大学医学院相关研究机构开发，和其他本体构建工具相比，Protégé 具有以下优点：①免费开放资源，所有用户都可以免费下载使用，拥有最多注册使用用户的本体构建工具。②界面友好且支持中文，既方便用户操作，也便于本项目原型模型的设计开发；③可扩展性好，支持添加各种插件扩展 Protégé 功能；④图形化表示，支持图形化文本编辑，用图形的方式表示本体中概念间的关系，简单易懂；⑤模块化设计，允许开发人员将本题库细分为几个部分，最后再进行综合。正是以上优点，使得 Protégé 成为全书构建原型模型本体的首选工具。

（3）本体的构建过程。

目前已有建模方法很多，出于各自领域和具体工程的考虑，没有一套完整的统一的构建方法，即在不同的领域，拥有不同的建模特征。主要还是参照软件工程中有关软件开发流程，各种方法的建模过程及步骤虽有不同，但基本上都包括有：确定目标、已有本体的重用、形式化、动态维护和客观评价等阶段。斯坦福大学提出的七步法由于构建过程清晰而为广泛采用，本书采用斯坦福大学的七步法，结合情境领域本体的应用需求，提出构建情境领域本体的一般步骤：①确定本体的应用目标和范围；②考虑本体重用的基础上枚举本体概念；③建立类层次结构及概念间的连接；④定义属性约束；⑤创建本体实例。

5.3 图书馆移动服务情境分类与获取

5.3.1 图书馆移动服务情境分类

构造图书馆情境感知服务本体的主要目的是为了获取相关信息服

务的领域知识，提供对图书馆服务知识的共同认可和理解，确定相关词汇及其语义信息，定义词汇间的相互关系，从而为情境感知服务系统的构建提供语义支持。本体的创建有利于实现各信息系统间的信息流通，规范业务流程和数据格式，为智慧图书馆的建设打下坚实基础。

本书试图建立图书馆情境感知服务领域本体，结合上述本体模型构建方法、原则及步骤对图书馆情境感知服务本体进行概念设计。考虑到移动环境下图书馆信息服务的实际情况，本书采用邱玮宁等人[132][133]的情境分类方法，以高校图书馆为例，将情境感知服务领域本体划分为用户情境本体、物理环境情境本体、移动智能终端情境本体三个子领域本体（见表5-1），首先通过分别研究构建三个子领域本体，最后汇总构建总体情境感知服务本体模型。

表5-1 　　　　　　　　　高校图书馆移动服务情境分类

基本情境	分类	要素举例
用户情境	个人信息	个人基本信息、个人网络信息
	学业基础	选课记录、考试成绩、学科排名、测试考核等
	性格偏好	家庭背景、教育背景、学习能力、性格特征等
终端设备情境	软件	操作系统、应用软件等
	硬件	设备类型、技术参数、品牌型号等
	网络	无线通信方式、拓扑结构、数据类型、带宽等
物理环境情境	时间	绝对时间、相对时间
	位置	绝对位置、相对位置
	环境	温度、湿度、噪声、天气状况等

（1）用户情境。

用户情境相关概念是建立在用户情境本体体系基础上的，用户情境本体体系由用户情境信息汇集而成。在有关用户情境信息的已有研究中，对用户情境信息的分类及方法有着广泛的共识，即用户情境信息包括静态的和动态的情境信息。其中用户静态情境信息指的是用户个人基本信息，这些信息一般是不会变。用户动态信息指的是用户随着场景变化而改变的信息，诸如认知信息、性格特征、行为数据、情绪状态等。用户情境本体体系的确定需要体现这些静态和动态的情境数据。

（2）终端设备情境。

移动智能终端的情境要素很多，其中比较重要的要素有三个：终端的软件、硬件以及网络信息。用户通常是随身携带移动智能终端的，即用户的网络信息往往可以通过智能终端自动获取的，所以全书将网络情境放置在移动智能终端进行概述。软件信息通常包括操作系统和应用软件；硬件包含的信息非常丰富，可以分为性能描述和非功能性描述进行概括，非功能性的由重量、大小、品牌型号等组成。

（3）物理环境情境。

物理环境情境包括终端设备的位置、时间和环境等信息，环境信息是与用户或终端设备相关联的情境要素，涉及的概念有光线、天气、温度、湿度、加速度等；这些信息可以通过特定的传感器或终端设备自动获取。位置是许多情境感知应用中的至关重要的情境数据，移动智能终端的一个主要特征是可移动的，因此基于位置的建模方法成为情境感知的重要研究内容。位置的不同对用户偏好的影响可能是非常重要的，比如，用户在高校图书馆场馆阅览室里，则系统推荐的内容就不应该是音频视频，以免影响其他同学的自习；再如，有些图书馆基于二维码的校史展览馆，其中的二维码就植入了位置信息，用户只需扫描二维码就可获取相关的资料，系统可以附带推荐该位置附近的其他服务。类似的基于位置感知的服务在实际应用中取得了很好的效果。位置情境可以借鉴地理空间信息系统（GIS）系列研究成果的本体概念，以此作为本体重用的基础，结合普适计算系统提炼出一个较为完整、轻量级空间本体，为全书构建情境模型提供概念基础。

5.3.2 图书馆移动服务情境信息获取

（1）用户情境。

我国的教育部教育信息化技术标准委员会 CELTSC （Chinese E – Learning Technology Standardization Committee） 制定的《学习者模型规范 CELTS – 11》将学习者信息分为八类：个人信息、学业信息、管理信息、关系信息、安全信息、偏好信息、绩效信息和作品集信息[134]。基于该模型规范，结合高校图书馆移动服务实际，本书认为高校图书馆移动服务用户情境要素包括用户个人信息、学业基础和性格偏好。其中用户个人信息涉及用户的静态和动态信息描述，对应 CELTSC 的个人信息、管理信息、关系信息和安全信息；学业基础指的是用户当前对于知识的掌握程度，对应 CELTS 的学业信息、绩效信息和作品集信息；性格偏好指的是用户的行为特征趋势，对应 CELTS 的偏好信息。用户个人信息主要依靠注册信息来获取，学业基础信息采用测试方法获得，性格偏好一般通过对历史数据的挖掘得到。

（2）终端设备情境。

终端设备情境主要包括软件、硬件和网络信息三大类，硬件涉及终端设备特性，诸如大小、重量、交互方式等，软件包括操作系统和应用系统，网络信息包括网络类型、拓扑结构、带宽、数据类型等信息。移动互联网及无线通信技术的快速发展推动着各个行业移动业务的拓展，多样化的无线通信技术（蓝牙、WiFi、3G/4G、移动通信技术）刺激并鼓动移动业务的蔓延。移动智能设备已经成为高校师生的标配，融入每个人的日常生活；各大高校图书馆都已开设移动业务，高校图书馆情境感知服务应该依靠其移动性、个性化特点成为广大师生移动网络生活中的一部分。通过调整高校图书馆服务内容、数字资源形式满足用户个性化需求，提升高校图书馆在学生心中的影响力。

设备情境的相关参数的获取一般通过读取系统配置文件或通过专用的测试软件来实现。

（3）物理环境情境。

物理环境情境要素主要包括时间、位置和环境信息，其中时间情境和位置情境在有些文献中合称时空情境，不同的应用对时间及位置信息要求不一样。时间和位置的分类根据不同应用需要有不同的种类，常见的有绝对时空和相对时空、室内时空和室外时空等。绝对时空一般是确切且可量化的信息，如东经 141.3°，北纬 26.3°、201 阅览室、高校图书馆正门及年、月、日、时、分、秒等形式；也可以根据应用需求采用相对时空进行记录，图书馆应用一般的形式有年、学期、周次等时间形式；也有模糊描述位置信息，如图书馆二楼、图书馆后门 100 米等。室内和室外时空划分主要是根据定位技术而来，室外的定位技术主要是 GPS、北斗、格洛纳斯；室内的定位技术主要有 RFID、WiFi、无线网络基站、红外传感器等方式实现。环境信息是对用户所处自然环境的客观描述数据，通常情况下比较常用的数据有温度、湿度、天气状况、光线、噪声等，这些数据是否有用取决于应用系统的决策需求。对于图书馆情境感知服务系统而言，环境信息是从属于时空信息的，通常作为一种辅助性的决策参数。环境信息的获取主要依靠传感器、智能终端设备直接获取。

5.4 图书馆移动服务情境本体设计

5.4.1 用户情境本体设计

5.4.1.1 用户情境本体相关概念

本书参照上文所述的用户情境信息分类，构造用户情境领域本体的概念系统和体系结构，涉及的相关概念分为 3 个大类，包括用户个人信息、学业基础、性格偏好信息；用户个人信息可细分为用户基本信息和用户网络信息等；本书对其中的某些相关概念解释如下：

①用户个人信息：主要描述的是个人基本信息，也可以细分为网络中的个人注册信息和社会生活中的个人信息等细分概念。一般由用户姓名、年龄、性别、身高、体重、身份证号码、联系方式等组成。

②学业基础：主要描述的是与学习相关的概念信息，一般包括：选课记录、考试成绩、学科排名、测试考核信息等。

③用户性格偏好：主要描述的是基于用户心智模式的相关特性，一般包括：生活背景、教育背景、学习能力、性格特征等。

④网络历史数据：主要描述的是用户历史行为数据，一般包括 Web 日志信息、用户评价信息、用户浏览路径信息等。

用户情境本体模型涉及的相关概念如表 5 - 2 所示。

表 5 - 2　　　　　　　　　　**用户情境本体模型相关概念**

个人信息	用户基本信息	姓名
		年龄
		性别
		身份证号
		学历
		家庭地址
		电话号码
	用户网络信息	昵称
		账号
		密码
		邮箱
		IP 地址
		朋友列表

续表

	选课记录	
学业基础	考试成绩	
	学科排名	
	测试考核	
	家庭背景	
性格偏好	教育背景	
	学习能力	
	性格特征	

5.4.1.2　用户情境本体相关概念的关联及层次结构

根据具体任务的需要，上述主要概念还可以进一步细分为亚类和基本类型，三大类信息通过一些关系属性相互联系，本书通过 UML 工具表示这些关联信息，具体如图 5-1 所示。同时本书给出了用户情境子领域本体概念分层，通过 Protégé 软件进行设计实现（参见图 5-2）。

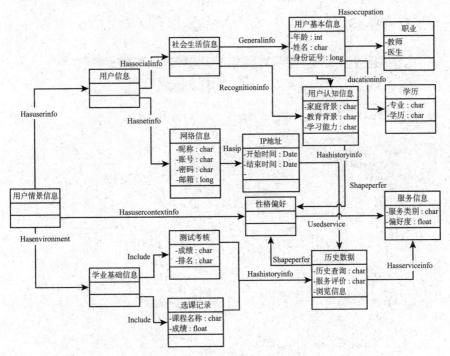

图 5-1　用户情境本体相关概念

根据用户情境子领域本体提供的概念类分层，系统可以对不同场合下的用户提取相关情境数据建模，从而准确预测用户可能的行动。

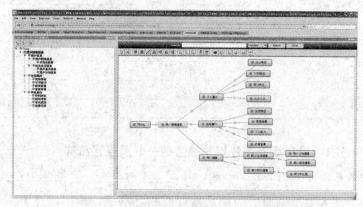

图 5-2　用户情境本体相关概念分层结构

用户情境本体的 OWL 片段，见图 5-3，此文档主要采用 XML、RDF 和 OWL 标准来定义。

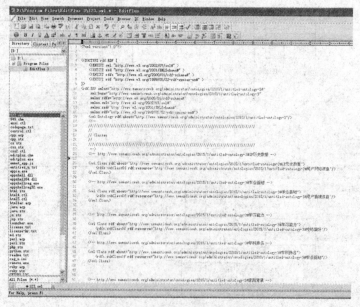

图 5-3　用户情境本体 OWL 片段

5.4.2 移动智能终端情境本体设计

5.4.2.1 移动智能终端情境本体相关概念

本书认为，移动智能终端的情境主要有软件、硬件和网络参数三大类，软件情境包括操作系统及其应用系统，涉及的基本概念有操作系统类别、版本、操作语言、协议类型、媒体格式等；硬件情境主要是终端设备物理特性和基本参数，涉及的概念有屏幕尺寸、电量、品牌型号、存储参数、交互方式、显示性能等；网络参数主要包括网络性能和网络状态，涉及概念有最大能力、最小保证、顺序交付、可用带宽、通信方式等（见表5-3）。本书对其中的某些相关概念解释如下：

①3G是第三代移动通信技术，是指支持高速数据传输的蜂窝移动通讯技术。3G服务能够同时传送声音及数据信息，速率一般在几百kbps以上。3G是指将无线通信与国际互联网等多媒体通信结合的新一代移动通信系统，目前3G存在3种标准：CDMA2000、WCDMA、TD-SCDMA。

②WiFi俗称无线网络，一种能够将个人电脑、手持设备（如PDA、手机）等终端以无线方式互相连接的技术。一般由基本服务单元、分配系统、接入点、关口等要素组成。

③终端设备种类繁多，本书指的是移动状态下能够连接互联网的智能终端。其物理特性一般由生产厂商、品牌型号、尺寸大小、内存、主板、电池容量等组成。

表5-3　　　　　　　移动智能终端情境本体模型相关概念

软件	操作系统	版本
		语言类别
		协议类型
	应用系统	应用软件版本
		交互方式

89

续表

硬件	物理属性	设备类型
		屏幕大小
		存储
	性能指标	分辨率
		电源参数
		交互方式
网络参数	网络性能	带宽
		拓扑结构
		数据类型
	网络状态	无线通信方式
		网络类型

5.4.2.2 移动智能终端情境本体相关概念层次结构

根据上一小节相关概念分析可知，上述移动智能终端情境涉及的三大类主要概念还可以进一步细分为亚类和基本类型，同时全书给出了移动智能终端情境子领域本体概念分层，本书通过 Protégé 软件进行设计实现，如图 5-4 所示。根据移动智能终端情境子领域本体提供的概念类分层，系统可以对不同场合下的移动智能终端提取相关情境数据建模。

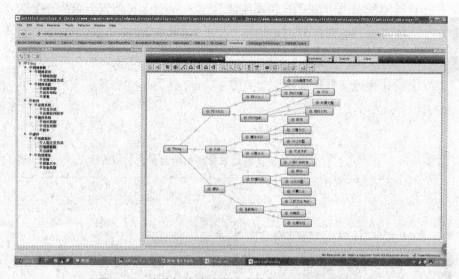

图 5-4 移动智能终端情境本体相关概念分层结构

移动智能终端情境本体的 OWL 片段，见图 5-5，此文档主要采用 XML、RDF 和 OWL 标准来定义。

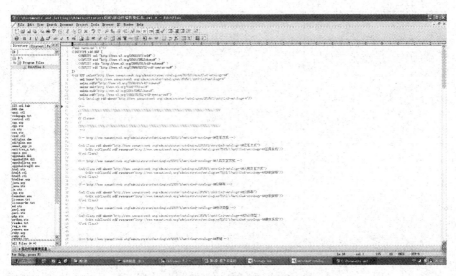

图 5-5 移动智能终端情境本体 OWL 片段

5.4.3 物理环境情境本体设计

本书采用物理环境信息分类[135]，构造物理环境领域本体的概念系统和体系结构，涉及的相关概念分为三个大类，包括时间信息、位置信息、环境信息；时间和位置信息可细分为绝对时空信息和相对时空信息等；本书对其中的某些相关概念解释如下：

①时间信息：主要描述的是时间基本信息，也可以细分为绝对时间和相对时间概念。一般由年月日、学期、周次、节假日等组成。

②位置信息：主要描述的是与用户相关的位置信息，一般包括：经度纬度、室内室外等。

③环境信息：主要描述的是基于用户周边环境的相关信息，一般包括：温度、湿度、光线、噪声等。

物理环境情境模型涉及的相关概念如表 5 - 4 所示。

表 5 - 4　　　　　　　　物理环境情境本体模型相关概念

时间	绝对时间	年
		月
		日
	相对时间	学期
		周次
位置	绝对位置	经度
		纬度
	相对位置	室内
		室外
环境信息	天气状况	
	温度	
	湿度	
	光线	
	噪声	

根据上一小节相关概念分析可知，上述物理环境情境涉及的三大类主要概念还可以进一步细分为亚类和基本类型，同时本书给出了物理环境情境子领域本体概念分层，本书通过 Protégé 软件进行设计实现，如图 5 - 6 所示。根据物理环境情境子领域本体提供的概念类分层，系统可以对不同场合下的物理环境提取相关情境数据建模。

物理环境情境本体的 OWL 片段，见图 5 - 7，此文档主要采用 XML、RDF 和 OWL 标准来定义。

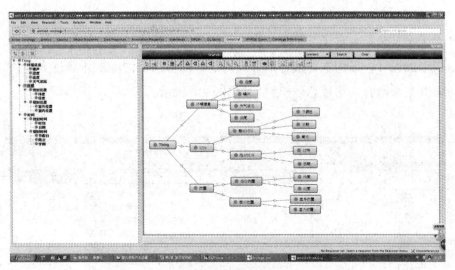

图 5 - 6　物理环境情境本体相关概念分层结构

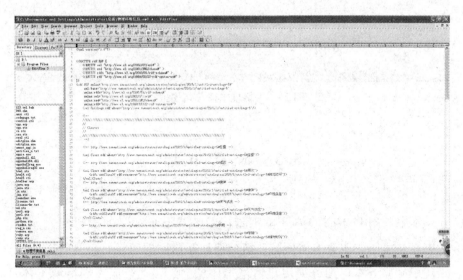

图 5 - 7　物理环境情境本体 OWL 片段

5.4.4　情境本体总体模型及实现

通过高校图书馆移动服务情境分析和总结，本书构建的情境本体总体模型分为用户情境、移动智能终端情境、物理环境情境三个大类，各个大类又包括各自子类。本节将进行高校图书馆移动服务情境本体总体模型的设计，采用本体融合的方式构建。即将三个情境本体通过交集法和并集法融合为情境总体模型，如图5-8所示。

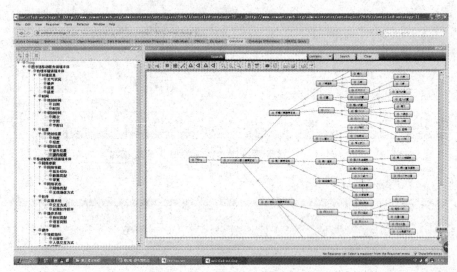

图5-8　情境本体总体模型

5.5　本章小结

本书利用 Protégé 本体开发工具，借鉴"七步法"的思想建立高校图书馆情境感知服务本体模型，结合移动互联网的特性，将高校图书馆情境感知服务本体细分为用户情境本体模型、移动智能终端情境本体、物理环境情境本体三个子领域本体，首先通过分别研究构建三个子领域本体，最后汇总构建总体情境感知服务本体模型。本章详细介绍了建立三个子领域本体模型的步骤。其中，本体实例的建立比较简单，本章并未做介绍。

第6章

情境感知服务在图书馆中的应用研究

6.1 引　言

情境感知计算属于普适计算的一种，因此感知技术以创造普适服务环境是极其必要的，情境感知服务整合感知数据以提供准确高效的信息服务，所有的网络计算、通信、数据处理方法等对用户都是透明的。情境感知服务的重要性已经被众多领域的研究者和从业人员意识到，其内容包括个性化电子商务、信息检索、移动普适计算、数据挖掘、市场营销、企业管理等领域。

（1）数据挖掘。

在数据挖掘领域，情境有时候被认为是顾客生命周期中的某些事件或特征，足以表明用户偏好的变化，企业如果能利用好这些事件或特征将带来潜在的价值。情境可以是一份新的工作、孩子的生日、结婚纪念日、退休日期等。情境信息蕴含的知识能够提升相关的挖掘模式效率。

（2）个性化电子商务。

文献［136］使用用户购买意向作为情境要素之一，不同的购买意向导致不同的购买行为；同一用户的不同意向可能购买不同的商品，文献通过构建相互独立的用户情境描述文件，进而构建相互独立的用户模型预测用户在不同情境环境下的购买行为。实验结果表明这种方法在电子商务信息推荐方面表现更为出色。同样，文献［137］通过整合情境要素使之成为信息服务进程中的一部分，提出了一套基于机器学习技术的旅店推荐系统，实践结果表明融入情境感知的方式在用户满意度和信息提供准确度方面显著优于没有考虑情境的方式。

（3）移动普适计算。

普适计算领域中有关情境的初始定义是基于位置的信息服务［42］，其他的属性随后被赋予到情境中来，比如文献［138］添加日期、季节和温度；文献［43］添加了用户情感要素；其他文献陆续添加了移动状态下的终端设备情境及可视化工具情境等。情境信息对于基于位置的服务来说至关重要，旅游信息服务系统在日常生活中已经被大量使用，用户常常接收到与其所处位置附近的信息推荐服务。

（4）信息检索。

情境有利于提高信息检索的效率。文献［139］认为众多已有的检索系统只关注文件的收集和用户的查询，却忽视了信息查询所处的情境。有效的主动信息检索有赖于高效获取情境信息，进而反馈适合的结果；在移动搜索领域，搜索结果最好应该经过情境要素的过滤；值得注意的是，现有大多数的情境感知检索技术只关注短期问题和当前的用户兴趣和查询，而没有涉及长远的用户体验和偏好特性。

（5）市场营销和企业管理。

市场营销研究人员认为购买商品过程中可能根据不同的情境做出不同的策略，比如在选择商品的品牌、功能和价位等方面。文献［140］认为用户购买决定主要依据的是商品的使用环境、商品的功能以及购买所处的环境。因此，准确预计用户偏好依赖于相关情境数据的获取。在市场营销文献中，有关行为决策理论的情境研究也已有一定体系，基于用户所处位置提供实时、准确的服务成为营销的研究重点。

综上可知，情境感知服务应用于多个领域，不同领域赋予情境定义特定的要素。随着应用研究的不断深入，情境的定义越来越丰富，文献[141]提出了一个情境的分类标准，坚持认为情境感知服务也能被应用于图书馆领域，图书位置的识别、信息检索、My Library 信息服务、电子图书检索等都可以引入情境要素。

图书馆信息服务已有许多重要的研究成果，大多数信息服务只关注与用户与项目之间的匹配程度，很少有添加情境信息的信息服务，如时间、位置或社会关系等。然而，移动图书馆如今逐步演化为基于智能手机为终端的服务方式，利用好即时通平台拓展移动图书馆的信息服务，将为图书馆移动应用的创新发展提供契机。在不同应用中，不考虑情境要素的信息服务很难被用户满意，比如依靠实时的情境数据，旅途推荐系统可以分别对不同季节的旅行者提供符合季节的服务；个性化电子商务网站可以根据用户日志信息差异化提供周末及工作时间的网页信息；最近，一些公司已经着手将情境信息引入个性化服务系统中来，比如Sourcetone 互动电台为用户点的每一首歌曲都尽可能地满足用户当下的情境。

6.2　相　关　工　作

图书馆为提高服务水平而引入了大量信息技术，诸如微博、微信、RFID、QR 码、移动网络、位置感知、虚拟增强现实技术，在构建智能图书馆的同时，众多信息技术却并未发挥出应有的效用。已有一些研究工作对整合信息技术特别是众多情境数据进行综合以提高图书馆的服务水平，比如，为提高移动学习效率，可以依靠 GPS 等无线感知技术刻画学习者的地理位置信息，或者利用更具灵便和经济性的 QR 码和 RFID标签获取移动学习资料的具体内容等，众多感知技术的应用在方便获取情境信息的同时，也使提供合适的信息服务变为可能。

（1）移动学习。

图书馆开展的任何移动学习活动都是经过高度组织的，文献［142］认为移动学习的目的是发现知识，可以通过支持观察、交互、沟通和思考的工具来获得；她同时指出电脑特别是移动智能终端带来了许多改变。图书馆理应提供这样的理想环境，使得移动学习者被更好的技术推动着学习。值得注意的是，移动学习不需要被定义为在移动设备上完成的纯粹东西，它是无处不在的学习过程。传统模式下，馆藏图书的阅读经验、心得感悟或读书笔记很难分享，但在移动学习环境下，电子图书的借阅及相关电子读书笔记使得分享成为可能。读者获取到他人的读书笔记更能提高个性化阅读体验。举一反三可知，在图书馆各个领域如果都能获取到他人的评论和想法，那么整个移动学习的环境将大为改观，那将是一个完全个性化图书馆氛围，基于文献［143］认为移动学习终将回到"外部世界"，人们一起分享知识和体会，而不仅仅是依靠及掌握技术。

（2）微信公众平台特性。

微信整个板块包含个人微信、二维码、公众平台三个重要组成部分，公众平台是在微信的基础上新增的功能模块，是一个自媒体平台。通过这一平台，个人和企业都可以打造一个微信的公众号。依靠微信渠道将品牌推广给上亿的微信用户，减少宣传成本，提高品牌知名度，实现更好的服务用户。基于智能终端的微信应用不仅是热门的移动社交平台，也是移动网络的一大入口；正逐步演变成移动商务交易平台，对电子商务行业带来了颠覆性变化。

（3）位置感知技术。

随着移动技术的发展，移动智能终端能够利用 GPS 感知用户所处的位置，在图书馆内，位置感知服务能够成为提高服务质量的决定因素之一，然而 GPS 信号在室内使用情况并不很好，所以图书馆领域的位置服务往往借助其他技术实现，如蓝牙技术、RFID、WLAN 三维测绘技术[144]。RFID 技术将在下面详细介绍，其中文献［145］提出了在一个博物馆中安置主动式 RFID 和被动式 RFID 的研究案例，其中主动式 RFID 感知位置附近的移动终端，被动式 RFID 对用户提出的个性化问题进行反馈，研究结果表明用户的游览体验显著提高；芬兰奥卢大学利用无线网络三维测绘技术创建智能图书馆，该馆使用六个无线接入点推测用户所处位置，然后基于推测的位置为用户绘制互动地图提供图书导寻服务。该理念得到众多研究人员的认可，认为在智能图书馆中，图书导寻服务能够帮助人们从繁杂、琐碎的查找图书中逃脱出来，动态地图和导寻指引能够发送到用户的智能手机或 Pad 上；另外一些研究工作认为这种服务相对于只在一个馆内进行定位服务而言，更适合应用在大型的、组合式的图书馆中。牛津大学网络图书馆利用 GPS 技术为学生提供位置附近的各分图书馆，当学生查询图书的时候，图书导寻服务能够结合位置给出附近馆藏信息以供参考。杜伦大学在其校园内使用 WiFi 三维测绘技术实时提供用户所处位置信息、教室查询、朋友位置查询等服务。

（4）QR 码。

智能图书馆的建立也可以使用智能对象，通过特定的方式方法可以获取该智能对象蕴含的知识，而智能对象的设计可以映射至一个 QR 码上[146]，一般而言，QR 码是一种矩形二维码，类似于传统的二维码，被放置在一个合适的位置可以很方便地被扫描，免费下载相关信息。现有智能手机都能获取智能对象背后更多的资料，比如获取 Web 地址、音频视频资料、互动 Web 页面（问卷调查）或其他智能对象蕴含的潜在信息。QR 码也能够应用于图书馆各个客体，通过赋予该客体相关位置信息，研究人员就可以捕获扫描 QR 码用户的情境数据，进而提供合适的信息服务。除此以外，QR 码在图书馆领域的主要应用可以归纳为以下四种：①获取 Web 页面链接，供用户扫描快速链接网址；②特色文档材料的自动化输入：通常应用在文字的输入方面，比如扫描二维码后可以输入地址、电话、行程等信息的快速交换；③网络资源下载：用户通过 QR 码的解码可以连接到下载页面进而下载需要的网络资源；④身份识别：许多公司和法人正在推行 QR 码官方认证机制，QR 码成为网络上的唯一有效的二维码标识等。

（5）RFID 标签。

正如上面所描述的，文献［147］使用了 RFID 标签提供位置信息及相关服务。在图书馆领域，RFID 标签被广泛应用于图书流通和库存管理、学生一卡通等方面。RFID 标签本身只能提供少量的信息，它具有唯一的电子编码，但却可以被植入或读取大量数据，使用过程中，只需附着在物体上即可；通过无线射频信号进行标识并获取相关数据。利用 RFID 标签可以获取图书馆的馆藏数据和用户借阅情况，每个客体都变成智能对象，RFID 识别器可以整合在移动智能手机内[148]，现有的安卓系统及苹果 iOS 系统都支持 RFID 识别器软件安装及使用，RFID 应用在包括图书馆的众多领域都将获得长足发展。

归纳而言，图书馆采用 RFID 标签开展业务，可带来如下好处：①减少图书借阅流通过程中的排队等候问题；②RFID 标签读写功能可有效降低重复劳动强度，同时使增加与读者之间的互动活动成为可能；③RFID 技术延伸了图书馆的功能服务范围和时空限制；④可有效降低馆藏资料管理与运行成本；⑤提供图书馆馆藏图书借阅及推荐自动化服务机制；⑥对 RFID 标签的读取可发现并找到错放位置的馆藏资料。

6.3 基于感知环境位置的图书馆信息服务

RFID 标签最初应用于图书馆仅仅是为了标注馆藏库存，和传统二维码使用方式基本相似；提供的功能主要包括：

①图书管理：包括条码、磁条、借阅卡都可以用 RFID 代替，不仅可将馆藏相关信息与状态记录在标签内，还可以记录馆藏本身的描述信息，流通历史记录，更可透过读写装置追踪获取馆藏资料在图书馆中的位置，提供协助服务。

②流通服务：RFID 系统提供精简效率的作业流程，用户能够很方

便自助式的借阅和归还图书资料，读写装置感应借书卡里的 RFID 标签即可辨识读者类型、借阅状态、预约到馆状况等信息并提供合适的信息推荐服务；

③一些图书馆依靠 RFID 标签构建辅助式库存盘点，馆员只需携带手持式读写器读取 RFID 标签即可判断书架上所有馆藏资料。

上述管理方式主要的应用模式是利用 RFID 取代条形码识别的功能，再配合 RFID 的读写便利性和耐用性提高作业效率。随着技术的发展和成熟，用户终端手机能够很好地整合 RFID 阅读器软件，本书认为，RFID 标签能够实现的功能还有很多，通过 RFID 技术能够很好地实现用户和管理者之间的沟通，弥合现实世界和网络世界的界限。具体可以实现的功能有：

①图书推荐。依附于图书上的 RFID 标签经过阅读器解读后，可以获取该图书相关的其他图书信息，包括图书的借阅次数、借阅时间等。用户浏览这些信息能够获知其他图书的潜在效用，RFID 标签也很好地实现了图书推荐功能。RFID 标签图书推荐不仅仅可以推荐相似图书，也可以推荐相关的图书信息，乃至图书所在专业的图书资料推荐等。

②图书评论。RFID 标签可以允许用户的评论及评分，RFID 阅读器也可以获取所有的评论和评分；不同图书所获取的最终星级和评论可以影响到用户对该图书的借阅行为。同样，对于图书的评论能够增加用户的阅读体验，系统自动反馈机制能够保证用户很轻松的分享阅读体会。

③社会网络共享。对图书的评论和星级评分可以进行共享，RFID 标签可以将某些图书的正面评价置顶推荐；同样，对同一本图书、课程、讲座或馆务工作的评价可以进行实时分享，每个评论人员都可以获取其他人员的评价并进行点评，即 RFID 标签不仅可以发布还可以定向接受信息，实现双向互动的交流。

④个性化服务。阅读自己的 RFID 标签获取历史借阅数据，系统可

以在线推荐还未借阅过的其他相关资料，或结合往届学生的学习经历推荐可以拓展的学习资料。所有资料都在图书馆中，经过特殊技术的处理（如数据挖掘），挖掘出潜在的逻辑关系，结合 RFID 标签历史数据，从而可以做出精准的推荐。

其中 RFID 还具有用户识别和定位功能，在情境感知服务领域 RFID 室内定位的一般框架结构如图 6-1 所示，主要由 RFID Tags、RFID 阅读器、WiFi 网络、数据处理及输出等部分组成。其中 RFID 室内定位算法主要分为四种：收信角度法（AOA）、收信时间法（TOA）、收信时间差法 TDOA）、信号强度法（RSSI）。

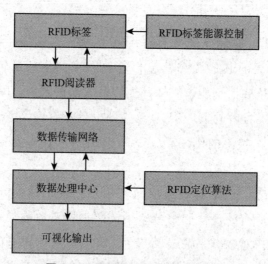

图 6-1 RFID 室内定位系统结构

定位服务器根据定位算法需要实时收集各个 RFID 阅读器发来的信息，不断计算并更新用户的当前位置，并把结果反馈到后台服务器的数据库中，其他应用程序可以通过特殊的接口访问到用户当前位置信息，进而提供个性化的位置服务。具体业务流程如图 6-2 所示。

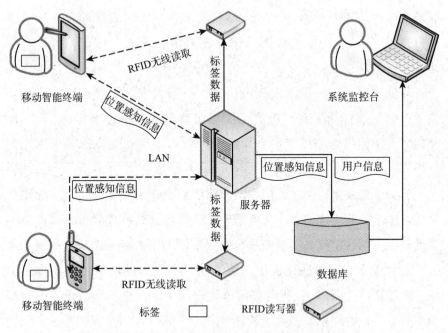

图 6 – 2   RFID 的室内定位感知系统业务流程

6.4   基于智能终端感知的图书馆信息服务

6.4.1   "985" 高校微信服务分析

微信是腾讯公司推出的新一代移动即时通产品，注册用户已超过 6 亿。微信公众平台是在微信的基础上新增的功能模块，具有构建成本低廉、用户粘性高、准入门槛低、互动性强等优点被广泛应用于商务活动，当前基于微信公众账号的服务方式主要：①基于查询的服务方式；②基于注册用户的服务方式；③基于 LBS 的服务方式；④主动推送服务方式[149]。高校图书馆如何应用微信提高服务质量已成为时下研究热点。王静对移动环境下高校图书馆微博、微信的营销策略进行研究[150]；武龙龙对高校图书馆开展微信公众平台进行了可行性评估，并对发展前景给予了积极评价[151]；文献[152]-[155]分别对国内图书馆开展微信服务进行了实际调查研究；清华大学图书馆设计并开发实施了一个微信公众平台，扩展了图书馆移动服务的服务渠道[156]，昆明理工大学图书馆使用微信公众账号提供移动信息服务取得了不错的效果[151]。

现有研究大多只关注微信在图书馆的应用开展及技术实现，而很少关注新技术、新应用的推广策略研究。许多图书馆使用微信的目的并不明确，很多项目仅仅是实验新技术应用于图书馆是否有助于提高服务水平。通常情况下因为缺乏资源、动力使得用户对微信项目满意度并不高。本节针对"985"工程院校图书馆进行实际调查，分析现有图书馆微信服务存在的问题；同时结合消费者行为分析 AISAS 模型，整合图书馆运营模式，从而解决移动图书馆微信服务在宣传推广中遇到的问题；为完善高校移动图书馆服务理论、提高移动图书馆信息服务能力提供理论支持。

6.4.1.1 "985"高校图书馆移动服务方式

本书选择了国内"985"工程的39所高校进行调研，调研时间是2014年5月4日~12日，调研方法是检索访问各"985"高校图书馆网站、微信客户端查询以及文献调研。调研我国高校图书馆开展移动信息服务的基本情况，获取基本数据。其中图书馆开展移动服务的共38所，只有国防科大由于学校的特殊性没有开展移动服务，占"985"工程院校图书馆总数的97.4%。笔者将国内高校图书馆移动服务方式总结为五种：微博、微信、移动图书馆、人人网、个性化服务。表6-1列出了高校图书馆五种移动服务的开展情况。

表 6 - 1　　　　　　"985" 院校图书馆开展移动服务情况

高校	移动图书馆	微信	微博	人人网	个性化服务
清华大学	√	√	√	√	√
北京大学	√	√	√	√	
哈尔滨工业大学	√	√	√		
武汉大学	√	√	√		
北京航空航天大学	√	√	√		
同济大学	√	√	√		√
上海交通大学	√	√	√		
四川大学	√	√	√		
厦门大学	√	√	√		
东南大学			√		
南京大学	√	√	√		√
浙江大学	√	√	√		
重庆大学	√	√	√		√
华东师范大学	√	√	√	√	
复旦大学	√	√	√		
山东大学	√	√	√	√	
南开大学	√	√	√		
天津大学	√	√	√		
中国人民大学	√	√	√		
湖南大学	√	√	√		
西北工业大学	√	√	√		
中南大学	√	√	√	√	
兰州大学	√				√
北京师范大学	√	√			
中国科技大学	√	√			
电子科技大学	√				
中国海洋大学	√				√
华南理工大学	√		√		

105

高校	移动图书馆	微信	微博	人人网	个性化服务
中山大学	√	√	√		
大连理工大学	√		√		
北京理工大学	√		√		
西安交通大学	√	√	√		
中国农业大学	√		√		
中央民族大学		√	√		
西北农林科技大学	√		√		
吉林大学	√	√	√		
华中科技大学	√	√	√		
东北大学			√		√
共计（所）	37	29	36	7	9
所占比例（%）	94.9	74.4	92.3	17.9	23.1

资料来源：笔者根据相关图书整理而得。

调查结果显示，国内高校图书馆基本上都已建设了移动图书馆，并开通了微博服务。微信服务发展迅速，正逐渐取代微博功能。特别是随着智能手机的普及，高校图书馆更倾向选择微信发布公告信息，并整合并承载移动图书馆的部分功能；当前利用微信公众平台实现移动图书馆服务质量的提升已成为共识，各高校在微信中开展了独具特色的服务项目。

6.4.1.2　微信功能定位

大多数"985"工程院校图书馆对微信的功能定位为：宣传、推广、服务。也有部分院校把微信作为移动图书馆的辅助工具、数字图书馆的终端访问途径之一、尝试通过新技术提供更高效便捷和双向的信息服务等功能定位。不同的功能定位，导致各高校开展的微信服务也各不相同。

通常的做法是高校图书馆把移动图书馆和微博服务功能在微信应用上的移植，把数字图书馆的服务项目整合到微信平台中。目前已经开发的图书馆微信应用，主要功能概括见表6-2。

表6-2 高校图书微信公众平台的功能

	服务功能	描述
宣传	图书馆馆务介绍	开馆时间、规章制度、馆藏分布、联系电话等
	资讯活动播报	培训讲座、馆情资讯、图书馆影讯、业界交流、读者沙龙、读者活动月等活动
推广	馆藏现有资源推广	借阅排行榜、文章推荐、图书推荐、特藏推荐、消息推送、温馨提示等
	馆藏新购资源推广	新购数据库、新书推荐、电子图书试用等
	图书馆整合营销	微信推广、微博互动、移动图书馆接口、线上线下营销等
服务	图书借阅服务	馆藏书目查询、借阅信息查询、续借、挂失；数字资源、参考咨询、借阅排行等
	社会服务	毕业离校服务、天气预报、酒店预订、租车、快递查询、IP地址、手机号码、星座、公交班次、失物招领查询等
	个性化服务	身份绑定、座位管理、账户管理、图书预约、个性化定制服务、3D打印、多媒体电影等

资料来源：笔者根据相关图书整理而得。

6.4.1.3 微信服务分类

笔者对29所注册了微信公众账号的图书馆进行实际调研整理，其中只有22所院校开展了微信服务。本书将微信服务内容归纳为：宣传、推广、服务三大类。具体情况如表6-3所示。

从表6-3可以看出，目前国内高校图书馆开展的微信服务主要集中在资讯活动播报，占比达到81.8%，提供的服务内容包括馆情资讯、讲座培训、新闻及活动介绍等；其次是馆藏图书借阅服务，占比为

63.6%，包括书目查询、借阅、续借等。总之现有提供的服务相对简单，大多是基于移动图书馆功能的平移整合。部分图书馆比如上海交通大学、厦门大学、南京大学等提供了个性化及社会服务，满足用户多元需求。

表6－3　　　　　　　22所"985"院校图书馆微信服务情况

"985"院校	宣传		推广			服务		
	图书馆务介绍	资讯活动播报	馆藏现有资源推广	馆藏新购资源推广	图书馆整合营销	图书借阅服务	社会服务	个性化服务
清华大学	√	√	√	√	√	√		√
北京大学	√	√	√	√	√			
哈尔滨工业大学	√	√		√				
北京航空航天大学		√				√	√	√
同济大学		√						
上海交通大学		√	√			√		√
四川大学	√		√	√		√		
厦门大学		√			√	√		√
南京大学	√	√	√			√	√	
重庆大学		√		√	√	√	√	
华东师范大学						√		
复旦大学		√		√	—			
山东大学		√			√	√		
南开大学								
天津大学						√		√
中国人民大学	√	√			√			√
湖南大学	√				√			
北京师范大学	√	√			√			
中国科技大学						√	√	
西安交通大学	√	√	√			√		

续表

"985" 院校	宣传		推广			服务		
	图书馆 务介绍	资讯活 动播报	馆藏现有 资源推广	馆藏新购 资源推广	图书馆整 合营销	图书借阅 服务	社会 服务	个性化 服务
吉林大学		√			√			
华中科技大学		√	√			√	√	√
共计（所）	9	18	7	8	9	14	7	7
所占比例（%）	40.9	81.8	31.8	36.4	40.9	63.6	31.8	31.8

资料来源：笔者根据相关图书整理而得。

6.4.1.4　高校图书馆微信推广情况分析

高校图书馆依靠微信公众平台拓展移动图书馆的服务时空，使用户享受随时随地的图书馆资源服务；满足用户需求的同时，推广和宣传图书馆的资讯及服务。高校图书馆微信公众平台需要尽可能多的用户关注，关注度越高，推广和宣传的效果越好。而现有微信重视一对一的封闭式沟通，信息共享仅局限在双方移动终端，朋友圈其他用户无法获知。因此高校图书馆微信公众平台的推广活动十分必要。目前，微信公众平台推广的方式主要分为三种：①线上推广方式：漂流瓶、摇一摇、二维码扫描、开放平台、公众平台、语音信息、图文信息等；②线下推广方式：报纸、杂志等传统媒体上发布微信公众账号二维码，举行读者沙龙、有奖参与活动等方式吸引用户之微信公众平台。③整合运营模式推广：战略上提升微信地位，整合线上线下推广模式；同时在微博、移动图书馆、数字图书馆等官方网站上整合推广微信，有计划地开展丰富多彩的线下活动。

针对微信公众账号的宣传推广情况，笔者实际调研开通注册微信账号的 29 所院校，通过图书馆主页推广微信的有 17 所、推广微博的有 21 所高校。22 所院校图书馆的微信公众账号开通了具体服务项目，其中 9 所院校微信公众账号整合了微博、移动图书馆服务。微信公众账号中自我宣传推广有 20 所，而定期更新微信内容，推送信息的只有 9 所。以上充分说明微信服务的开展与推广还没有微博普及，微博服务依旧是高校图书馆的工作重点；在部分高校中，微信成为整合移动图书馆及其他服务的核心入口，宣传推广工作还很薄弱，由此可见微信服务仍处于快速发展和探索的过程，具有更广阔的发展规划和前景。

6.4.1.5 存在问题及对策

（1）存在的问题。

随着移动互联网快速发展和智能终端设备的普及，高校图书馆的移动应用日臻成熟。为丰富图书馆的服务内容、转变移动服务方式各图书馆陆续开通微信公众平台服务，以期拓展服务宣传、推广和提升服务质量。通过本次调研我们发现，微信的服务方式、手段、功能定位和服务规划等还处于快速发展初期和探索阶段，存在着许多不足之处。

宣传方面的问题：①信息发布数量少，更新频率低。调查结果显示，只有 9 所院校图书馆定期更新信息，绝大多数图书馆更新周期长、甚至很少更新。内容更新不及时导致用户关注度降低，进而形成恶性循环。②推送内容形式单一，功能使用不足；现有的微信推送信息主要形式是文字、图片。固然有流量的考虑，但现在图书馆等室内场所大多实现免费 WiFi，所以音频、视频等流媒体技术应该引入到微信推送信息中来。③推送内容质量差，难以吸引用户；微信的推送到达率、准确性高，对推送内容的要求也苛刻。现有图书馆的推送频率、数量和质量并未规范。盲目的推送只会导致用户取消微信账号的关注。④偏重广播信息，缺乏交流互动等；大部分图书馆的微信互动性环节薄弱，只注重信息的发布，缺乏对受众群体的人文关怀。

推广方面的问题：①定位不清晰，导致推广目标不明确。部分高校对微信的定位为：新技术应用、移动图书馆助手、馆藏图书借阅平台等。不同的定位导致推广主题不明，难以吸引用户注意。②平台开放性差，网络推广有难度。与微博不同，微信是社会化网络即时通工具，偏向封闭式一对一沟通。依靠网络自身推广有难度。③人员经费严重不足，线下推广偏少。例如北京师范大学只有一位老师负责维护图书馆微博、微信、人人网及图书馆咨询部事宜，线下推广更无从谈起。

服务方面的问题：①缺乏远景规划，移动应用技术繁杂。高校图书馆往往是新技术应用的领头羊，微博、微信、人人网、QR 码各种移动应用应接不暇，但效果却不尽如人意，归结起来主要是没有远景规划导致后继乏力。②服务模式单一，创新性服务少，个性化开发服务不足。调查结果显示图书馆微信服务中 63.6% 为图书借阅，个性化服务、社会服务开展率仅为 31%；人员及经费的不足导致个性化开发服务无法开展。

（2）对策建议。

宣传方面的建议：①定期更新内容。内容的定期更新能吸引用户的关注，根据用户的反馈调整更新的时间和频次，这样才能持续地吸引和留住用户。②丰富微信推送形式。移动终端屏幕小，使用的是零碎时间，基于以上特性微信推送的内容形式应该丰富多彩、短小精致。③保证推送内容质量。本书认为，提升推送内容质量的方式归纳起来有：推送内容形式多样化、知识深度化、用词生活化、篇幅短小化。④增设微信服务互动板块。通过互动可以了解用户的需求，激发用户的参与积极性，对提高图书馆的服务质量和微信服务发展方向都有现实意义。

推广方面的建议：移动网络时代，用户的消费行为模式从传统的 AIMDA 向 AISIS 模式转变，AISIS 模式具有鲜明的网络特性。高校图书馆进行微信的营销推广可以操作的策略一般有三个：即自身品牌影响力、推广活动、用户互动。结合 AISIS 模式可以将上述三个策略组合成两个过程：①AI 粉丝聚集阶段。图书馆依靠自身品牌影响力或是通过短期推广活动，把目标用户聚集到微信公众平台。此阶段的目的是聚集尽可能多的目标用户。常用的方式是：学校主页、图书馆网站、微博等线上媒体联动；线下举行有奖竞猜、鼓励使用、学生沙龙等活动推广微信账号。②SAS 粉丝互动阶段。包含搜索、使用、分享三个环节。微信账号清晰规范，辅以二维码扫描方便用户搜索；提供个性化服务、社会服务提升用户满意度；用户对微信服务的体验、评论和转载构成分享的开始，从而聚集其他用户关注微信账号。此阶段通过推广活动和用户互动策略吸引更多用户关注。常用的方式是在微信上开展活动和设计话题，调动用户的创新和分享热情。此外，更为重要的是，高校图书馆需要明确微信的服务定位，打造微信服务精英团队。只有目标明确，辅以高素质的服务团队，采取恰当的营销方式才能更好地完成宣传和推广任务。

服务方面的建议：①做好微信服务远景规划，整合图书馆移动应用。众多的移动应用作为图书馆服务的延伸，各具特色。微博的大众传媒特性、微信的精准传播、人人网的校园网络实名认证、QR 码的位置服务等一系列的先进技术和工具可以优势互补的为用户提供服务。②开发和设计微信公众平台服务，拓展服务范围。启用微信公众平台的开发模式，开发和设计个性化服务项目，将其嵌入到微信应用中，丰富数字图书馆的服务范围。从而满足用户的多元需求，拉近用户与图书馆的距离。

6.4.2 "985" 高校 QR 码应用分析

相比 2012 年，2013 年使用过二维码扫描输入进行搜索的手机网民比例从 7.9% 上升到了 25.1%[157]；QR 码（quick response codes）技术成为智能手机获取信息的有效手段之一，同时越来越多的信息获取通过移动手机 QR 码业务完成。手机 QR 码技术具有识别精确度高、读取效率快、准入门槛低等优点被广泛应用于商务活动，目前主要集中在：①移动广告服务；②移动条码服务；③解决方案和系统集成服务[158]。高校图书馆如何利用 QR 码技术提高服务质量已成为时下研究热点。科罗拉多大学博尔德分校图书馆实施一个使用 QR 码链接地图和指令的标识系统[159]；哈德斯菲尔德大学、加利福尼亚大学欧文分校使用 QR 码链接纸质杂志和电子杂志[160][161]；圣何塞州立大学图书馆使用 QR 码链接移动图书馆[162]；迈阿密大学图书馆使用 QR 码提供读者咨询服务[163]。印第安纳大学艺术馆教学过程中使用 QR 码链接图书馆藏资源[164]。更有甚者，有些图书馆允许学生使用 QR 码预定自习室、自助借还图书等。在国内图书馆领域，对 QR 码在图书馆服务中的拓展应用的关注度从 2011 年起急剧上升。以国家图书馆、上海图书馆为代表的公共图书馆，包括清华大学图书馆、复旦大学图书馆在内的多家高校图书馆，都已实现开通 QR 码服务，试图通过 QR 码技术提高图书馆服务质量。

现有研究只关注 QR 码在图书馆的技术实现，而对学生的反应和期待很少关注。许多图书馆使用 QR 码的目的并不明确，很多项目仅仅是实验新技术应用于图书馆是否有助于提高服务水平。通常情况下，因为缺乏资源、动力使得学生对 QR 码项目满意度并不高。本书选择了国内"985"工程的 39 所高校进行调研，调研方法是检索访问各"985"高校图书馆网站以及文献调研，目的是收集我国高校图书馆开展 QR 服务的基本情况，获取基本数据。其中图书馆开展 QR 码服务的共 28 所，占"985"工程院校图书馆总数的 72%。笔者将国内高校图书馆 QR 服务方式总结为五种：微博、微信、移动图书馆、客户端程序、个性化服务。表 6 - 4 列出了高校图书馆五种 QR 服务的开展情况。

调查结果显示，国内高校图书馆 QR 码服务模式单一，目前处于移动图书馆网址连接服务为主、逐步建立微信服务的阶段。随着智能手机的普及，微信服务正逐渐取代微博的功能，高校图书馆更倾向选择微信发布公告信息；当前利用先进技术实现服务质量的提升已成为高校图书馆的共识，但现有 QR 码服务常常当成替代网址的工具，对 QR 码的其他应用目标并不明确，只有三所高校图书馆开展了特色 QR 码服务，然而由于学生缺乏对 QR 码的认知而导致用户使用率、满意度不高。

在图书馆服务人员相对有限、服务时间也相对受限的环境下，利用 QR 码易于读取的特性，可以用来提高图书馆管理机能及功能延伸，给图书馆员与借阅者在图书馆管控及运用方面带来便利，为了实现在最低成本及最高效益的情境下使图书馆的管理及使用便利性提升至最大，本书认为 QR 码可以实现的功能具体有：

（1）提供电子资料。随着图书馆的发展和馆藏的丰富，图书馆博物馆的兴起说明馆藏图书有些是具有珍贵文物价值和史料价值的，对这些特殊图书的展示和借阅可提供电子资料链接，用户只需扫描其 QR 码即可获取全文及图书本身所蕴含的信息。

（2）提供视听材料。有些馆藏资料一般会分散保管，如图书和光碟、视频材料和播放设备等。QR 码可以标注出这些信息，或者直接提供音频视频链接，方便读者的同时也为图书馆的管理工作提供了便利。

（3）古籍孤本书籍管理。对于有特殊价值的图书资料管理可以使用 QR 码方式展示，通过 QR 码的读取可以获得详细信息，既满足读者的好奇心理又保证了书籍的完整性。

表 6－4　　　　　　　　"985" 院校图书馆开展 QR 服务情况

"985"院校	移动图书馆	微信	微博	客户端程序	个性化服务
清华大学		√			√
北京大学	√	√			
哈尔滨工业大学	√				
武汉大学	√				
北京航空航天大学	√				
同济大学	√	√	√		√
上海交通大学		√			
四川大学	√				
厦门大学		√			
东南大学				√	
南京大学	√	√	√		
浙江大学				√	
重庆大学	√				
华东师范大学	√				
复旦大学		√			
山东大学	√				

续表

"985" 院校	移动图书馆	微信	微博	客户端程序	个性化服务
南开大学	√			√	
天津大学	√			√	
中国人民大学	√	√	√		
湖南大学	√				
西北工业大学	√				
中南大学				√	
兰州大学	√				
北京师范大学	√				
中国科技大学		√			
电子科技大学	√			√	
中国海洋大学	√				√
共计（所）	19	11	3	6	3
所占比例（%）	70.4	40.7	11.1	22.2	11.1

资料来源：笔者根据相关图书整理而得。

　　一般而言，QR 码制作步骤如下：①以程序设计语言制作图书馆 QR 码解说界面；②将图书资料及音频视频材料用 flash 制作处理，制作成网页存入数据库服务器；③将网页的网址由 QR 码编码软件转换成 QR 码；④在图书馆的特殊位置上放置 QR 码；⑤当移动智能手机读取到 QR 码内容时，由无线网络传输并下载服务器内的咨询内容，以便立即将资料显示在手机终端上；⑥页面显示的时候能够同时获取视频音频资料，提供可视化的互动界面。

　　在图书馆领域，系统架构如图 6-3 所示，图中完整叙述的使用情境流程为：①使用者可以获取位置附近的 QR 码寻找相关辅助信息；②透过无线网络，解码的咨询会下载服务器端相关资料；③资料通过 WiFi 网络回传于智能手机屏幕上；④图书馆馆员可以透过 QR 码相关位置信息追踪当前使用者的位置信息。

图 6 - 3　QR 码信息导航架构与流程

6.5　基于用户属性的图书馆信息服务

6.5.1　改进的 Apriori 算法在高校图书推荐服务中的应用研究

高校图书馆是大学生的重要生活和学习场所，几乎所有大学生都有借阅记录。通过研究庞大的借阅数据，可以发现学生和借阅图书之间有一定的关联，不同学科之间的图书借阅有一定的关联，不同类型的学生和相关图书之间也有一定的关联。通过对不同学科图书、不同专业及层次的学生进行分类，结合关联规则数据挖掘算法对图书馆借书数据进行分析研究，将挖掘到的知识主动推荐给目标学生，为学生的图书借阅提供个性化的推荐服务，同时提高了图书馆的服务质量。

关联规则挖掘的任务是找出所有满足支持度和置信度要求的形如 A→B 的关联规则[165]。基于关联规则的图书书目推荐系统具有能够发现学生的兴趣点和相关图书之间的关联。文献 ［166］ 最早将关联规则技术用于推荐系统。吕志芳等[167]引入一种改进的 FP - Tree 树算法应用于图书书目推荐。杨东风提出了一种基于多兴趣度的图书推荐算法[168]。刘南艳[169]提出了一种多支持度的关联规则挖掘算法，熊拥军[170]等提出了一种基于关联规则的图书馆个性化推荐模型；付爱英、曾勃炜[171]等提出一种对得到的关联规则再进行聚类分析的挖掘算法。林郎蝶[172]、邓奇强[173]等提出一种 Apriori 改进算法应用于图书推荐服务，采用分割—整合的办法提高了挖掘效率。

尽管国内外学者针对图书馆推荐系统中关联规则挖掘提出了很多方法。但大多数的工作都是集中在从全局数据库中挖掘知识的同时提高挖掘效率，然而高校图书馆的数据挖掘工作对时间并不是特别敏感，且各专业借阅图书关联规则和全局数据库关联规则有很大不同；国内外涉及分专业和跨专业图书推荐的文献不多，并没有实现专业分类与图书分类的很好结合。本节的主要工作有以下三项：①将图书馆中的借阅数据结合专业、学生层次分类，建立数据挖掘的各个子数据库；②对图书馆中的馆藏图书结合《中图分类法》按专业进行抽象，分成相对应的大类。③提出一种改进的 Apriori 算法对分类数据进行挖掘，提取频繁项集。主要目的是通过对学生和图书分类，利用关联规则挖掘算法研究不同类别的学生和不同类别的图书之间的借阅联系强度，结合用户属性（院系、攻读学位）对公共借阅频繁项集进行聚类分析，从而研究本专业图书、跨专业图书和公共图书三种推荐服务。

6.5.1.1 Apriori 算法

Apriori 算法将关联规则挖掘划分为两个子问题：①在事务集 D 中寻找满足所有最小支持度阈值的频繁项集。②利用频繁项集来生成所有满足最小置信度阈值的关联规则。其中的子问题 1 是 Apriori 算法所要解决的核心问题。该算法通过迭代计算，挖掘出所有的频繁项集，算法虽然简洁，但需要进行大量计算，并存在以下缺点：①生成的候选项集数过多，尤其是候选 2 - 项集。如频繁 1 - 项集的数目为 N，则会产生 C_n^2 个候选 2 - 项集；②扫描数据库的次数过多，每次更新支持度的时候都需要重新扫描数据库；③不适用于稠密集的关联规则挖掘，且生成的关联规则过于庞大。

近年来，国内外学者针对 Apriori 算法的缺陷对算法提出不同的改进策略，主要包括：①减少扫描数据库的次数；②减少不可能成为频繁项目集的候选项；③减少频繁项集的连接次数。文献［9］总结了基于 hash 的算法、基于划分的算法、基于采样的算法、动态项集计数算法、关联规则的矩阵算法等，这些方法虽然在一定程度上对经典 Apriori 算法进行了改进，但都没有真正解决 Apriori 算法在实际应用过程中存在的瓶颈问题。

6.5.1.2　L – Apriori 算法研究

本书提出的 L – Apriori 算法利用了"分割—整合"的思想，先在各个子数据库进行关联规则的挖掘，挖掘得到的关联规则大概可以分成两类：一种是专业书籍间的强关联规则，一种是跨专业书籍之间的关联规则，这两类规则可以直接作为知识推荐给所在专业的学生；再将各子数据库所挖掘到的跨专业书籍关联规则进行整合，从而达到了对整个数据库进行关联规则挖掘的目的。在各个子数据库中专业书籍的支持度远高于跨专业书籍之间的支持度。但从全校借阅数据分析看更应该关注的是跨专业书籍的借阅联系情况，所以在频繁项整合过程中，L – Apriori 算法首先"剪枝"掉各个子数据库的专业书籍频繁项，不断整合跨专业书籍频繁项集，同时在每一轮寻找候选项集的时候，会根据判断不断地"剪去"非频繁项集，从而逐渐减小候选项集的大小，达到算法效率的进一步提升。

基于以上的考虑，将 L_Apriori 算法描述如下：

①根据专业设置，从学科角度出发，结合《中图法》的图书分类标准，把馆藏图书分成本专业书籍和跨专业书籍两大类。

②首先将读者借阅数据库中的历年借阅数据经过数据预处理压缩成读者借阅事务数据库，按照学生层次、专业划分成各个子数据库；每个子数据库包含本专业学生的所有借阅数据。

③应用 Apriori 算法对各个子数据库挖掘频繁项目集和关联规则，并对每一个子数据库挖掘得到的关联规则进行分类：只包含本专业书籍的

关联规则和包含跨专业书籍的关联规则，对两类关联规则直接以知识形式推荐给该专业学生。

④将所有子数据库所挖掘出的关联规则逐一合并，首先删除掉只包含本专业书籍的频繁项集，各个子数据库只保留包含跨专业书籍的频繁项集。

⑤比较第一个子数据库 a 的频繁项目集 A 和第二个子数据库 b 的频繁项目集 B，找出其中相同部分，将其中相同部分放入合并后的新数据类 c 的频繁项目集 C 中。

⑥对频繁项目集 L1，L1 ∈ A 但 L1 ∈ B，则扫描 b，获得在 b 中的支持度 supx（为了方便，将支持度改为支持 la 的事务数，即原来的支持度 × 总事务数，下同），supx 加上在 A 中的支持度 sup，若两者之和大于或等于最小支持度则放入 C 中。同样，对频繁项目集 L2，L2 ∈ B 但 L2 ∈ A，则扫描 a，重新计算其支持度，若大于或等于最小支持度，则放入 C 中。

⑦重复步骤（5）和（6），直到所有的子数据库全都合并，形成新的频繁项集和关联规则。此时得到的关联规则以知识形式推荐给全校学生。

6.5.1.3　L – Apriori 算法实验测试分析

为了比较本改进算法的效率，本书进行了一系列的实验。以某大学图书馆 2011 ~ 2012 年上学期学生借阅数据为例，实验环境为操作系统 Windows XP，内存 512M，数据库为 SQL Server 2000。利用 java 语言实现了 L – Aprior 算法，同时使用传统的 Apriori 算法和 L – Apriori 算法进行关联规则挖掘。两种算法的性能比较如图 6 – 4 所示。

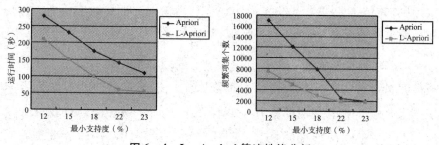

图 6 – 4　L – Apriori 算法性能分析

经过时间性能分析测试和挖掘性能分析测试，可以得出改进后的 L – Apriori 算法比传统 Apriori 算法性能更高效，这是由于在合并各子数据库频繁项集之前，删除掉了只包含专业书籍的频繁项，合并过程中又不断裁剪掉非频繁项，使得 L – Apriori 算法能节省更多的时间。相对 Apriori 算法，改进的 L – Apriori 得到更少的频繁项集，虽然比传统算法少挖掘出一些关联规则，但考虑到借阅数据按照专业划分，经过 Apriori 算法挖掘得到的关联规则直接作为知识输出，提升了挖掘出的跨专业书籍间关联规则的整体质量，进一步证明了改进的 L – Apriori 算法在推荐质量方面的准确性。

本节讨论了一种对 Apriori 算法的改进算法，还给出了相应的算法和过程仿真，并通过试验对两种算法进行了比较。改进的 L – Apriori 算法提高了运行效率，得到的关联规则更为准确，为图书馆的个性化推荐提供三种关联规则：本专业书籍间强关联规则、本专业书籍与其他专业书籍间强关联规则、全校公共图书间强关联规则。

6.5.2　个性化图书推荐系统原型模型设计与实现——以南昌航空大学为例

在现有的网络环境下，人们想要准确、快速地查找到自己所需的图书信息反而越来越困难，主要原因：一是图书检索结果可能有成千上万条，从中寻找到目标结果必然消耗大量时间和经历；二是用户需求千奇百怪，不同学科专业、习惯偏好等导致用户需求个性化和多样化，而传统的图书检索系统满足不了用户个性化的需求。

个性化推荐研究成果主要应用于电子商务领域，目前数字图书馆领域推荐系统有[174][175]：卡内基·梅隆大学开发的主动协作过滤推荐系统，主要用于电子文档的推荐；麻省理工学院开发的协同过滤推荐系统，主要用于新闻信息的推荐；明尼苏达大学开发的协作过滤推荐系统，可以用于 Web 电影资源的推荐。孙博阳等[176]提出建立图书馆数字资源的管理系统，对文献资源进行有效管理；冯太琴[177]针对北京工业大学图书馆实际问题提出了建立个性化选书导购系统；肖红等[178]引入RSS技术到图书馆，实现了数字资源个性化推荐。国内外图书馆领域个性化推荐服务大多是基于数字资源的协同过滤推荐，寻找最近邻产生推荐结果，而结合学生背景进行专业类书籍、公共类书籍推荐的研究很少。

本书尝试建立一个个性化图书推荐系统，结合南昌航空大学实际情况，利用历史借阅数据对图书馆馆藏情况、读者的需求情况等方面进行分析，并从专业、图书类别、新书推荐等五方面进行图书推荐，依据读者背景信息提供图书的智能检索和推荐服务，帮助用户进行信息筛选提高检索效率，积极引导大学新生的图书借阅，拓宽读者的阅读视野，满足不用用户的个性化需求。

6.5.2.1 图书推荐存在的问题

（1）南昌航空大学图书管理系统存在的缺陷。

该校图书馆使用的是现代电子化图书馆系统，但该系统在推荐图书部分有许多不足之处，主要表现在以下几个方面：

①大一新生面对高校图书馆众多馆藏时无从着手。各专业图书、公共图书的借阅情况现有系统无法提供。

②图书检索书目信息只能逐条浏览，不具备个性化排序和检索等功能。

③读者在浏览书目信息时看不到图书的详细介绍信息，只能看到书名、出版社、作者，不具备内容简介和出版日期等信息，不能够完整表达该图书内容及其新颖性[183]。

④系统无法有效展示图书馆新进图书，进而很难提高新书的利用率。

（2）个性化图书推荐系统应解决的问题。

针对该校及相关高校图书馆系统的调研发现，绝大多数图书馆管理系统仅仅提供公共图书检索、公告发布、用户信息管理等传统图书借阅功能。在图书馆数字化建设越来越快的背景下，如何有效提高服务以满足读者个性化需求，从而最终实现馆藏图书的高效利用成为当下图书馆管理系统研究的重点。

如果能够建立比较完善的个性化图书推荐系统，能够解决以下问题，则可更好地实现与读者信息互动的功能，既能很好地完成图书推荐工作，又能提高图书使用率[179]。

①实现对图书进行分类推荐。不同专业的学生对同一图书的偏好是不一样的，比如，按照人文类、社科类、自科类等进行细分；也可以按照专业、学院进行细分；

②实现对同一种图书借阅次数的统计。通过这种功能可以了解读者对某种图书的关注程度，依据关注程度进行排序推荐，从而有效提高读者查询命中率；

③实现对同一类图书的协同过滤推荐。同一类图书涉及不同作者、出版社及出版日期等信息，通过协同过滤算法实现有效推荐提高服务质量；

④实现对新书的合理推荐。图书馆新到图书具有受关注度小、时效性高、检索利用率低等特性，通过合理推荐实现馆藏新书的高效利用。

（3）图书推荐系统中数据挖掘技术的应用。

现有的图书馆推荐系统大多都是集中在从全局数据库中挖掘知识的同时提高挖掘效率，然而高校图书馆的数据挖掘工作对时间并不是特别敏感，且各专业借阅图书关联规则和全局数据库关联规则有很大不同。本系统试图通过研究本专业图书、跨专业图书和公共图书三种推荐服务提高准确率，因此，相关推荐服务有：本月强推、图书类别推荐、专业图书推荐、学院图书推荐等。

其中利用 SQL Server 2005 的查询功能对全局数据进行统计，得出被借阅最多的书籍实现本月强推功能；对全局数据按图书类别分类然后再进行统计，得到各分类图书被借阅最多的数据实现图书类别推荐；利用关联规则 Apriori 算法对专业书籍历史借阅数据进行挖掘，实现专业图书关联推荐；利用改进的 L‑Apriori 算法实现学院跨专业图书推荐功能。

（4）个性化图书推荐系统。

图书馆是高校的重要组成部分，也是学生学习的主要场所之一。以其丰富的藏书、数字资源支撑着高校的整体发展[180]。个性化图书推荐系统是图书馆信息化的重要窗口，能为满足学生个性化知识需求和培养学生的创新能力提供支持，在高校的教学、科研、学生学习中起着重要的作用。

①系统建设目标。个性化图书推荐系统主要是以满足读者个性需求为目的，一切从读者的要求出发[181]。充分利用图书馆现有的资源以及历史借阅数据，对历史借阅数据进行合理的整合，然后将整合的知识提供给各类型读者，进而满足高校读者快捷、正确、高效地获取所需资源的要求。为高效图书馆资源建设方向提供参考价值，实现高效图书馆的可持续发展。

②系统框架。昌航个性化图书推荐系统利用历史借阅数据对馆藏图书资源进行搜集、分类、标引、存档，并以多重形式向读者推荐图书资源，该系统主要包括两大功能模块，读者登入模块、管理员模块。系统框架如图6-5所示。

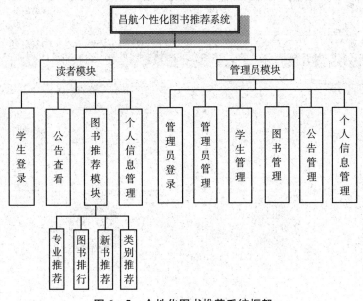

图6-5　个性化图书推荐系统框架

其中读者登入模块和管理员模块能够实现传统图书馆管理系统的基本功能；图书推荐模块由专业推荐、图书排行榜、新书推荐、图书类别推荐等多种功能组成，为个性化图书推荐系统的核心模块。

③功能模块说明。读者登入模块包括的功能有：用户注册、登录、身份识别和权限管理等功能。主要用于验证读者身份的合法性，防止非法用户进入系统，以及保障读者的相应权限；读者的个人信息管理和图书推荐服务及管理功能。主要完成读者个人信息的收集，同时可以检索及查看的个性化图书推荐和公共图书推荐服务。

图6-6已经显示了图书推荐模块中一些图书推荐功能：新书推荐、本月强推、图书类别推荐。其中"本月强推""图书类别"推荐功能不涉及读者偏好，主要基于历史借阅数据得到图书借阅次数，借阅次数越多受关注越高[182]。新书推荐功能根据管理员的设定对新入库的图书进行排序推荐；除此之外图书推荐模块主要包括的功能有：专业图书推荐、学院图书推荐等功能。

图6-6　读者登入界面

管理员模块是管理员（采访人员）对推荐图书信息进行处理的平台，可以实现以下功能：

①添加、删除用户：可以根据需求设定用户；

②处理推荐图书信息：根据图书推荐次数等推荐信息下载推荐数据；

③批量导入书目信息：将本馆新进图书数据和馆藏数据及相关验收数据及时转入系统；

④批量删除书目信息：将往年已经遗失、损毁等图书数据及时删除；

⑤图书馆公告：及时发布图书馆相关通知、制度及政策。

6.5.2.2　系统实现关键技术

（1）数据仓库。

系统开发过程中发现涉及多个数据源，系统的主要数据源包括：①现有南昌航空大学图书馆自动化系统的历史运行数据、流通数据；②各出版社提供的书目数据、馆藏采购数据；③馆际互借系统数据、馆藏分配信息等。本系统建立多维数据仓库存放综合数据，使综合分析数据与业务系统相分离。使得数据分析时不影响业务系统的运行，又大大节约了在线查询综合分析速度，提高个性化推荐效率。本系统在 SQL Server 2005 中建立数据仓库的主要步骤如下：

第一，为不同推荐业务设计指标，合理地设计维度和划分粒度，确保进入数据仓库的数据量不会过大，又不影响推荐系统的性能。

第二，使用星形模式构建维表，考虑到个性化图书推荐系统业务相对稳定，使用星形模式构建维表简单易行，而且便于从现有系统数据库中导入数据创建数据仓库。

第三，数据导入。现有系统后台数据库也是 SQL Server 2005，直接利用其中的数据转入工具生成基本表即可。

（2）主要数据库表设计。

图书借阅是高校图书馆工作中最基本、最主要的内容之一。个性化图书推荐系统中保存了大量的历史借阅数据，通过对这些数据的整理、统计与分析，可以获取有利于组织管理和图书服务的信息，掌握读者的阅读倾向以及图书的借阅状况以提供个性化服务，提升服务质量，开展深层次服务工作。馆藏图书数据库表格设计如表6－5所示。

表6－5　　　　　　　　　　　　馆藏图书表设计

字段名	类型（长度）	描述
Id	Int	项目编号（自动增长）
Bookid	Varchar（15）	图书编号
Name	Varchar（30）	图书名字
Author	Varchar（15）	图书作者
Publisher	Varchar（40）	出版社
price	Int	价格
quantity	Int	数量
Days	Varchar（12）	更新时间
Abstract	Varchar（50）	简介
Image	Varchar（30）	图片
Booktype_1	Varchar（10）	书类型一
Booktype_2	Varchar（10）	书类型二
propose	Int	借阅次数
…	…	…

（3）图书推荐算法设计。

本系统使用上文提出的 L－Apriori 算法实现专业图书推荐功能。对历史借阅数据库按照学生层次、专业划分成各个子数据库；应用 Apriori 算法对各个子数据库挖掘，得到的关联规则分成专业书籍关联规则和跨专业书籍的关联规则，这两类规则可以直接作为知识推荐给学生，实现系统的专业书籍推荐功能；再将各子数据库所挖掘到的跨专业书籍关联规则进行整合，从而达到了对整个数据库进行关联规则挖掘的目的。在频繁项整合过程中，L‒Apriori 算法首先"剪枝"掉各个子数据库的专业书籍频繁项，不断整合跨专业书籍频繁项集，同时在每一轮寻找候选项集的时候，会根据判断不断的"剪去"非频繁项集，从而逐渐减小候选项集的大小，达到算法效率的进一步提升。

（4）系统的开发工具。

本系统开发过程中采用 Microsft Windows XP 操作系统，数据库系统采用 Microsoft SQL Server 2005，测试服务器采用 tomcat 6.0，采用浏览器/服务器（Browser/Server）结构，基于 MVC 设计模式完成的，主要使用到的编程语言和工具有：JSP、Servlet、Hibernate、JavaScript。

6.6　本章小结

随着馆藏图书的日益增加，人们对于图书的借阅越发困难。本书通过构建个性化图书推荐系统为读者提供个性化图书推荐服务，将个性化推荐技术引入图书馆管理中，大大提高高校图书馆的服务质量和图书使用率，同时辅助图书馆管理者的决策。对促进我国高校图书馆的发展，乃至教学、科研水平的提高都有积极的意义。

第 7 章

图书馆情境感知服务应用对策

7.1 引　言

随着信息技术的发展，图书馆信息系统大量使用，已成为各种类型图书馆的重要运营方式。由于信息系统的建设需要耗费大量的人力、物力及财力，加上其实施对图书馆整体作业绩效影响巨大，各馆在引进信息系统后，使用效果怎样？使用者对系统的满意度如何等问题都值得深入研究。因此，图书馆服务评估成为图书馆运营与发展不可获取的一环，其重要性在于提供更好的服务。图书馆服务品质可分为图书馆及使用者的观点评定，即图书馆导向之客观评估与使用者导向之主观评估。图书馆导向的客观服务评估以图书馆资源投入、处理与服务使用等客观绩效评估为主，是一种可以客观量化的评估；使用者导向的服务评估以使用者使用图书馆后，对图书馆服务品质产生主观感知的评价，是一种主观的品质评估。客观与主观评估是图书馆服务品质评估两种重要的研究取向，分别从图书馆和使用者的观点研究图书馆服务问题。

过去，国内相关文献对图书馆的应用系统的探讨主要集中于技术领域，采用其中一种取向，或太偏重于客观可量化的图书馆导向研究，忽略了使用者的主观感受，较少涉及使用者的接受度、有用认知及易用性等观点评价。对于时下盛行的移动图书馆及情境感知服务，使用者的主观感受反而能够直接反映图书馆服务的品质问题。随着图书馆信息系统的应用普及，特别是移动互联网的快速发展，图书馆如何在移动终端上发挥效益成为重要研究课题。本书即从使用者有用性及认知观点出发研究图书馆移动情境感知服务。以使用者的使用状况、服务品质感知、情境感知服务期待等主观评估为度量，来评估探讨图书馆之整体服务；期望通过这一研究，使图书馆相关职能部门领导借此决定如何对所提供的个性化服务进行调整，从而改善使用者的参与，并最终使图书馆服务得到最佳效益。本书的对象为江西省属高校图书馆使用者，采用问卷调查方式收集使用者主观评估资料，并对结果进行分析进而为图书馆改善服务提供参考性建议。

7.2 相 关 工 作

为了解大学生对手机 QR 码的使用情况，客观真实的收集学生对 QR 码使用的反应和期待数据，笔者在 2014 年 4 月份进行了一次问卷调查，从智能手机持有率、QR 码使用率、QR 码使用目的、图书馆 QR 码服务体验等方面进行设计。接受问卷调查的是来自南昌航空大学的本科学生，专业有市场营销、电子商务、信息管理与信息系统。问卷调查发放分成两组，一组以班级为单位进行调研大一市场营销 32 份，大二电商和信管共 64 份，大三信管 31 份，大四信管 30 份；一组图书馆随机发放问卷 150 份，总计 307 份，收回有效问卷调查 254 份，其中一年级113 份，二年级 71 份，三年级 35 份，四年级 35 份。在学科方面，人文社科方向的学生为 142 人，自然科学方向学生人数为 112 人。

此次大学生阅读问卷共有 17 道问题，分为 3 个部分：概况（6 道题)、手机 QR 码使用经历(5 道题)、图书馆 QR 码服务期待(9 道题)。如表 7 - 1 所示。

表 7 - 1　　　　大学生图书馆 QR 码使用问卷(2014)设计说明

概括	使用经历	图书馆 QR 码使用期待
问题 1:性别	问题 4:是否有智能手机	问题 9:图书馆开展 QR 码态度
问题 2:年级	问题 5:是否知道 QR 码	问题 10:图书馆 QR 码是否扫描过
问题 3:专业	问题 6:是否使用 QR 码	问题 11:使用图书馆 QR 码的目的
问题 4:是否使用过图书馆等相关服务经历	问题 7:喜欢使用 QR 码的场景	问题 12:影响使用图书馆 QR 码的因素
问题 5:使用智能手机目的	问题 8:使用 QR 码的目的	问题 13:图书馆适合开展 QR 码服务
问题 6:使用智能手机时长		问题 14:喜欢使用图书馆 QR 码的场景
		问题 15:已有 QR 码服务能否满足需求
		问题 16:图书馆 QR 码是否增加阅读体验
		其他应用建议

问卷调查结果分析如下:

(1)智能手机持有率极高;已统计的问卷调查中 254 人仅 4 人没有智能手机。智能手机持有率达 98.43%。

(2)对图书馆开展 QR 码服务持积极态度;已有问卷调查统计显示 82.68% 的学生过去一年中使用过 QR 码;使用 QR 码以获取信息为目的的占 77.17%;对于图书馆使用 QR 码提升服务持积极态度的为 76.38%,无所谓的为 18.90%,持消极态度的仅占 4.72%。

(3)图书 QR 码服务使用率较低;254 人中使用过图书 QR 码的仅为 38 人,占 15%。38 人中感觉增强阅读体验的有 30 人,占 78.94%。

调研结果数据揭示：76.38%的学生持积极态度。显示图书馆开展 QR 码服务面临的主要问题是如何吸引学生使用，适当的校园推广与扫描奖励政策是应该考虑的。

常见图书馆 QR 码受欢迎程度分析如表 7 - 2 所示。

表 7 - 2　　　　　　　　　　　图书馆 QR 码服务受欢迎程度分析

图书馆 QR 码服务	学生偏好程度（%）
图书馆介绍及导引信息	65.35
图书馆网站链接	58.27
存储文献目录信息	57.48
图书馆电子资源的链接	58.27
开展参考咨询	51.97
图书馆展览	40.94
实现图书自助借还	53.54
自习室座位预订	73.28

由于该校的学生寝室无法下载图书馆资源，所以涉及图书馆电子资源及其下载服务受支持度并不高；数据显示自习室座位预订服务备受追捧很重要的原因是方便学生，图书馆介绍及导引信息受欢迎契合了之前调查数据，即学生使用 QR 码的首要目的是获取信息。同时允许学生下载图书馆数字资源信息有利于增强 QR 码的粘合力。

开放性问题反馈意见的收集、整理、分析，归纳出三个重要的结论，这些结论和以往凭经验做出的结论完全不同：结论①：智能手机持有率高、对图书馆 QR 码期望值高，并不意味着就会使用 QR 码服务。结论②：现有的 QR 码服务大多是提供信息为主、专注于技术先进性；而学生更希望加入社会化交流功能。结论③：QR 码服务不能太单调，应该提供差异化、个性化服务。

7.3　调查问卷设计

本书认为在没有正式的需求分析的前提下，贸然实施移动情境感知服务只能建立在臆想的假设上[7]。而鲜有研究从学生角度考虑关注如下问题：①学生对移动情境感知服务的态度与期望研究；②学生使用移动情境感知服务的实际情况研究；③客观评价移动情境感知服务提高图书馆服务质量研究；④对国内学生使用移动情境感知服务的调查研究。本书试图收集学生对移动情境感知服务的反应和期望数据，进而确定和检验假设、获取真正的需求，以此支持之后的项目开发实施；从而避免了先入为主的偏见。问卷调查紧紧围绕如下问题展开调研：

（1）图书馆服务中什么服务适合开展移动情境感知服务？

（2）学生对图书馆已使用移动情境感知服务反应如何？

（3）学生对已使用移动情境感知的图书馆服务期望值如何？

（4）图书馆为何要使用移动情境感知服务？

本书根据相关文献整理将本次问卷调查分为4部分，分别是图书馆使用者背景资料、使用经历、使用体验和情境感知服务期待，其中第一部分基本资料包括使用者的性别、年级、专业、移动终端设备、使用时长等，重点在于研究使用者是否有过在2014～2015学年第一学期使用过移动终端设备登入图书馆的经验，即问卷的第六题和第七题；第二部分使用经历包括使用图书馆、图书馆网站、移动图书馆的背景、频率和资源类型等，使用频率部分，结合不同的使用目的研究使用图书馆、图书馆网站、移动图书馆的频率题目。图书馆服务项目方面主要罗列了图书馆数字资源及个性化服务资源两方面的服务项目；问卷第三部分为研究对象对所属图书馆服务品质及满意程度研究，主要集中在对图书馆馆员服务态度、服务内容、互动方式、技术支持等方面是否满意；第四部分为情境感知服务期待，主要是调查在图书馆中使用情境感知服务的经历、满意度和期待开展什么服务等，问卷主要对移动图书馆使用状况、定位服务、个性化信息预订及推送等问题进行调查；问卷最后为开放式问题，让研究对象自由表达所属大学图书馆对移动图书馆开展的服务进行建议。

在问卷设计过程中，问卷初稿以相关理论及文献为基础，除了邀请两位本校图书馆领导、4 位图书馆系统馆员及相关专家，针对问卷内容与文字斟酌以提升问卷的内容效度外，还进行了问卷前测。目的是希望专家学者及前测对象从各自角度对问卷内容、格式、问卷易懂性及术语准确性等进行评价，并询问其有关问卷题目用词是否有不清晰或不恰当之处。前测对象包括：南昌航空大学经管学院工业工程专业、信息管理与信息系统专业、电子商务专业各一位教师；武汉大学图情专业博士生一位、南昌航空大学管工系硕士生一位、南昌大学信工学院硕士生一位，南昌航空大学会计专业本科生 10 位。问卷前测人员普遍认为问卷设计存在题目过多，太细、重复性高、过于偏重图书馆情境感知服务部分等特点，本书依据前测人员的意见进行了修正，针对预测结果和发现的问题对问卷内容也进行了调整，形成调查问卷的最终版本。

此次大学生阅读问卷共有 27 道问题，分为 4 个部分：概括（6 道题）、图书馆使用经历（7 道题）、图书馆使用体验（6 道题）、图书馆情境感知服务期待（8 道题）。如表 7－3 所示，正式问卷以南昌地区高校学生为调查对象，以班级为单位，说明调查目的及确定实施时间，当场实测当场回收问卷，前后共计发出调查问卷 600 份，涉及到的高校有南昌大学、江西财经大学、南昌航空大学、江西师范大学、江西农业大学、华中交通大学、江西科技师范大学共计 7 所。问卷调查时间为 2014 年 12 月份，向 7 所高校的 14 个班级发放 600 份调查问卷，回收问卷 532 份，扣除 92 份填答不一致或未完成的问卷，有效问卷为 440 份，有效问卷回收率为 73.3%。

表7-3　大学生图书馆移动情境感知服务使用问卷（2014）设计说明

概括	使用经历	图书馆移动 感知服务期待	使用体验
问题1：性别	问题1：为学习使用图书馆	问题1：图书馆开展移动感知服务态度	问题1：馆员服务态度
问题2：年级	问题2：为学习使用数字图书馆	问题2：图书馆QR码扫描经历	问题2：馆员服务效率
问题3：专业	问题3：为学习使用移动图书馆	问题3：图书馆内手机定位经历	问题3：馆员与学生互动性
问题4：本学期是否使用过图书馆等相关服务经历	问题4：休闲时使用图书馆	问题4：个性化信息推送服务态度	问题4：馆员对图书馆新开展业务的参与度与认知度
问题5：使用智能手机目的	问题5：休闲时使用数字图书馆	问题5：图书馆适合开展移动情境感知服务	问题5：图书馆的应用系统及技术支持
问题6：使用智能手机时长	问题6：休闲时使用移动图书馆	问题6：喜欢使用图书馆移动情境感知服务场景	问题6：数字图书馆使用状况
	问题7：使用图书馆数字资源或服务类型	问题7：已开展QR码服务能否满足需求	
		问题8：图书馆开展感知服务的隐私及安全性问题	
		其他应用建议	

7.4　数据分析与结果讨论

7.4.1　数据分析

（1）资料回收及样本基本资料分析。

本书总共发出600份问卷，回收有效问卷为440份，有效回收率为

73.3%。有关样本背景资料（如表7-4所示），主要叙述如下：在有效回收问卷中，按年级划分大一问卷64份，占14.5%，大二问卷143份，占32.5%，大三问卷89份，占20.2%，大四问卷92份，占20.9%，研究生问卷52份，占11.8%；按性别划分，填答问卷中男性学生为188份，占42.7%，女性学生为252份，占57.3%。按专业划分，填答问卷中理工科类别问卷为164份，占37.3%，人文类别问卷为231份，占52.7%，其他专业类别问卷为45份，占10.2%。

问卷调查中没有电脑的总人数为69人，其中大一没有电脑的为56人，占81.2%，大二没有电脑的为11人，占15.9%，大三没有电脑人数为2人，占2.9%，大四和研究生都拥有电脑，后经了解才知学校规定大二之前不允许购置电脑，故而导致大一大二没有电脑比例较高。问卷调查中没有智能手机的为7人，大一2人，大二1人，大三2人，大四2人。拥有智能手机的同学开通网络的比例为100%（如表7-5所示）。

使用智能手机时长包括30分钟以内（14人占3.2%），30~60分钟（40人占9.1%），1~2小时（74人占16.8%），2~3小时（70人占16.1%），3~4小时（87人占19.8%），4小时以上（155人占35.2%）。尤其值得注意的是时长超过4小时的年级中大一学生占比46.9%，其次为大三占比43.8%，第三位的为研究生占比34.6%，然后依次为大二学生占30.1%，大四学生占27.2%，在各年级中所占比例都是最高的（如表7-6所示）。

学生使用手机的目的却不尽如人意，问卷调查中使用手机目的包括学习（198人次占45%）、娱乐（353人次占80.2%）、聊天（249人次占56.6%）、网游（25人次占5.7%）、其他（73人次占比16.6%）（如表7-7所示）。超过八成的学生使用手机上网目的是娱乐，而以学习为主要目的的人次不足5成。结合使用手机时长和使用目的可知学生每天花费大量时间在手机端娱乐，如果管理人员能够在移动端提供个性化信息服务将极大提升学生学习效率。

学生使用图书馆经历中，问卷设计为过去一个学期以来的使用经验，其中使用过图书馆的人次为326，占比74.1%；使用过图书馆网站的学生人次为202，占比45.9%；使用过基于手机端的图书馆的学生人次为72，占比为16.4%；以上项目都没有过的学生人数为15人，占比3.4%。

表7-4   样本资料总体分析

项目		人次	百分比（%）
性别	男	188	42.7
	女	252	57.3
年级	大一	64	14.5
	大二	143	32.5
	大三	89	20.2
	大四	92	20.9
	研究生	52	11.8
电脑	无	69	15.7
智能手机	无	7	1.59
智能手机开通网络	是		100
智能手机使用时长	30 分钟以内	14	3.2
	30~60 分钟	40	9.1
	1~2 小时	74	16.8
	2~3 小时	70	16.1
	3~4 小时	87	19.8
	4 小时以上	155	35.2
使用手机目的	学习	198	45
	娱乐	353	80.2
	聊天	249	56.6
	网游	25	5.7
	其他	73	16.6

续表

项目		人次	百分比（%）
本学期使用经验	图书馆	326	74.1
	图书馆网站	202	45.9
	基于手机端的图书馆	72	16.4
	以上皆无	15	3.4

表7－5 使用经历年级分析

年级	性别	图书馆（人次）	占比（%）	图书馆网址（人次）	占比（%）	基于手机端的图书馆（人次）	占比（%）	以上皆无（人次）	占比（%）
大一	男	23	82.1	12	42.9	4	14.3	3	10.7
	女	28	77.8	8	22.2	2	5.6	0	0
	总计	51	79.7	20	31.3	6	9.4	3	4.7
大二	男	44	75.9	16	27.6	11	18.97	3	5.2
	女	61	71.8	31	36.5	16	18.8	1	1.2
	总计	105	72.7	47	32.9	27	18.9	4	2.8
大三	男	20	71.4	12	42.8	5	17.9	0	0
	女	44	72.1	30	49.2	12	19.7	1	1.6
	总计	64	71.9	42	47.2	17	19.1	1	1.1
大四	男	34	70.8	25	52.1	5	10.4	4	8.3
	女	31	70.5	24	54.5	11	25	3	6.8
	总计	65	70.7	49	53.3	16	17.4	7	7.6
研究生	—	42	80.8	44	84.6	6	11.5	0	0

表7－6 手机使用时长年级分析

年级	性别	≤30分钟	占比（%）	30~60分钟	占比（%）	1~2小时	占比（%）	2~3小时	占比（%）	3~4小时	占比（%）	≥4小时	占比（%）
大一	男	0	0	1	3.6	6	21.4	6	21.4	7	25	8	28.5
	女	0	0	0	0	2	5.6	6	16.7	6	6.7	22	61.1
	总计	0	0	1	1.6	8	12.5	12	15.6	13	20.3	30	46.9

续表

年级	性别	≤30分钟	占比（%）	30~60分钟	占比（%）	1~2小时	占比（%）	2~3小时	占比（%）	3~4小时	占比（%）	≥4小时	占比（%）
大二	男	0	0	8	13.8	15	25.9	7	12.1	13	22.4	14	24.1
	女	3	3.5	5	5.9	17	20	17	20	14	16.5	29	34.1
	总计	3	2.1	13	9.1	32	22.4	24	16.8	27	18.9	43	30.1
大三	男	1	3.6	4	14.3	4	14.3	4	14.3	7	25	8	28.6
	女	3	4.9	3	4.9	3	4.9	6	9.8	15	24.6	31	50.8
	总计	4	4.5	7	7.9	7	7.9	10	11.2	22	24.7	39	43.8
大四	男	4	8.3	5	10.4	8	16.6	11	22.9	9	18.8	11	22.9
	女	1	2.3	6	13.6	9	20.5	6	13.6	8	18.2	14	31.8
	总计	5	5.4	11	12	17	18.5	17	18.5	17	18.5	25	27.2
研究生		—	2	3.8	8	15.4	10	19.2	6	11.5	8	15.4	18	34.6

表7-7　　　　　　　　　　手机使用目的年级分析

年级	性别	学习（人次）	占比（%）	娱乐（人次）	占比（%）	聊天（人次）	占比（%）	网游（人次）	占比（%）	其他（人次）	占比（%）
大一	男	6	24.1	18	64.3	15	53.6	4	14.3	3	10.7
	女	18	50	28	77.8	19	52.8	0	0	4	11.1
	总计	24	37.5	46	71.9	34	53.1	4	6.3	7	10.9
大二	男	25	43.1	47	81.0	38	65.5	2	3.4	15	25.9
	女	41	48.2	67	78.8	55	64.7	2	2.4	13	15.3
	总计	66	46.2	114	79.7	93	65	4	2.8	28	19.5
大三	男	11	39.3	21	75	17	60.7	4	14.3	7	25
	女	30	49.2	52	85.2	39	63.9	5	8.2	12	19.7
	总计	41	46.1	73	82	56	62.9	9	10.1	19	21.3
大四	男	18	37.5	42	87.5	16	33.3	5	10.4	5	10.4
	女	23	52.3	36	75	22	50	3	6.8	8	18.2
	总计	41	44.6	78	84.8	36	39.1	8	8.7	13	14.1
研究生		—	26	50	42	80.8	30	57.7	0	0	6	11.5

（2）问卷样本使用频率分析。

用户的图书馆使用频率是本书使用者使用状况的主要评估指标，主要通过学习和休闲为目的两方面进行测算，其中以学习为目的的使用频率指标3个，以休闲为目的的使用频率指标3个。使用频率包括四题李克特式四点量表题目，合计分数最大值为4，最小值为1，6题平均为2.07，表示问卷样本书对象自觉过去一个学期以来，使用所属高校图书馆、图书馆网站和基于手机端的图书馆的频率平均介于"偶尔"和"经常"之间。样本使用频率的整体描述情况如表7-8所示。通过表7-9可知，以学习为目的相比休闲为目的得分要高，说明图书馆在学生生活中仅仅处于一种学习辅助工具角色；其次无论是以学习还是休闲为目的，使用图书馆、图书馆网站、移动图书馆的得分都是递减的，问卷调查中对过去一个学期以来使用过图书馆资源或服务反馈结果看，研究对象使用图书馆的方式还是停留在纸制时代，纸质资料使用达到88.8%，移动终端类服务访问百分比偏低，只有不到10%，而电子资料及馆藏查询系统的使用却近50%，这个现象说明很多学生通过计算机访问图书馆系统，而不是移动终端。笔者在2014年4月的网络调查发现，"985"高校开展移动图书馆的比例已达100%，在此背景下，众高校图书馆投入大量的人力物力构建移动图书馆系统却少有人问津。除了学生自我要求的原因之外，图书馆能够提供的移动端资源偏少也是不可忽视的主要原因之一。如何提高休闲时使用图书馆、学生移动端访问图书馆的得分成为管理者急需解决的问题。

表7-8　　　　　　　　　　图书馆使用频率分析

项目	平均值	标准差
为了学习需要，使用本校图书馆	2.51	0.77
为了学习需要，使用本校图书馆网站	2.11	0.79
为了学习需要，使用本校移动端图书馆网站	1.65	0.77
休闲时，使用本校图书馆	2.21	0.77

项目	平均值	标准差
休闲时，使用本校图书馆网站	1.79	0.73
休闲时，使用本校移动端图书馆网站	1.53	0.67

表7-9 图书馆资源使用状况分析

项目	纸质资料	多媒体资料	电子资料	馆藏查询	馆际合作	个性化推送	移动服务	其他
人次	391	129	202	203	25	18	42	39
百分比（%）	88.8	29.3	46.0	46.0	5.6	4.0	9.6	8.8

（3）问卷样本使用体验分析。

研究对象感知图书馆服务品质，包括内容、系统及支持等三种服务品质感知指标，以9题李克特式五点量尺题目测量，最小值为1分，最大值为5分。9题平均为3.39，表示问卷样本所有研究对象对图书馆的内容服务品质感知同意程度平均介于"一般"与"同意"之间，但偏向"一般"说明研究对象对于图书馆相关使用感知满意度并不高。学生对于图书馆馆员的服务态度持正面积极态度，这对于每日面对繁重的事务处理工作的馆员来说是难能可贵的。比较特殊的测量项目有：馆员和学生互动性、馆员对应用系统的参与度及认知度需加强，得分分别为2.23和4.01，问卷结果表明馆员和学生互动性不够、馆员对于新系统的参与度与认知度需加强；从侧面也反映出馆员的表现在某些方面还亟待加强，或者说是学生对图书馆及其馆员的要求越来越挑剔（见表7-10）。

表7-10 图书馆使用体验分析

项目	均值	标准差
图书馆馆员热心服务	3.48	1.02

续表

项目	均值	标准差
图书馆馆员对待询问问题能够迅速回应	3.47	0.95
馆员与学生互动性好	2.23	0.98
馆员的参与度和认知度应该加强	4.01	0.87
图书馆的应用系统容易使用	3.57	0.90
图书馆网站及系统设计人性化	3.43	0.88
使用图书馆网址总是顺利，愉快	3.30	0.99
满意图书馆网站提供的各项服务	3.33	0.93
继续使用本校图书馆网站	3.72	0.93

（4）问卷样本感知服务期待分析。

相对于研究对象对大学图书馆服务的主观感知评估，图书馆感知服务期待分析主要是从学生角度分析适合开展的情境感知服务项目。表7-11呈现了7所高校学生对于感知服务问卷样本的基本统计分析。其中对于开展手机应用端服务得分为4.36，问卷样本结果表明研究对象极其期待开展手机端应用；对于手机端的情境感知服务得分基本介于"一般"和"同意"之间，但偏向"同意"，说明研究对象对于开展移动端情境感知服务持正向积极态度；值得关注的是隐私性和安全性问题顾虑得分也偏高，达3.76分，说明研究对象期待情境感知服务的同时也有一些安全性问题的考虑。

表7-11　　　　　　　　图书馆情境感知服务期待

项目	均值	标准差
希望图书馆开展手机端应用服务	4.36	0.77
在图书馆扫描过感兴趣的二维码	3.41	1.20
在图书馆使用过手机定位功能	2.93	1.20
在不同时间段获取个性化信息推送服务	3.81	1.01

续表

项目	均值	标准差
移动情境感知服务能够满足所需要求	3.79	0.92
移动图书馆感知服务能够提升服务质量	3.90	0.84
通过移动图书馆获取所需相关的资料	3.63	0.94
图书馆开展感知服务有隐私及安全性顾虑	3.76	0.94

7.4.2 结果讨论

基于本书的前期研究成果，及综合上面几节的统计分析，根据研究目的，涉及用户基本信息、使用频率、使用体验和感知服务期待等4大项分别讨论如下：

（1）用户基本资料。

智能手机持有率极高：已统计的问卷调查中440人仅7人没有智能手机。智能手机持有率达98.4%。主要原因有：①移动服务商提供"0元购机"服务，即存话费送手机；②生活水平显著提高，支付手机费用不再是负担；③日常学习及生活需要，大学生平时和亲朋好友联系的工具；④智能手机可部分代替电脑功能，浏览互联网、欣赏音乐、观看视频、普通文档编辑操作均可实现。

使用手机时间极长但使用目的不佳：根据已统计的问卷调查可知，每天花费3小时以上用于手机上的学生达到55%，而以学习为目的的使用手机占比为45%，远不及以娱乐（80.2%）和聊天（56.6%）为目的的比重。笔者对使用手机目的中"其他"选项（占比16.6%）进行进一步随机访谈发现，有很多女生习惯性上淘宝、天猫、京东等购物网站打发时间，特别是上课时候；男生上课利用手机看网络小说、视频等比较多见。由此可见，长此以往，学生花费大量的精力用于手机不利于学风建设，管理者有必要积极引导学生使用手机的时长及目的。

图书馆及其相关服务使用率极高、移动端网络使用偏低：根据调查发现本学期以来没有使用过图书馆、图书馆网站、基于手机端的图书馆的经历中仅有15人，占比3.4%，也就是说使用过图书馆及其相关服务的学生占比达到96.4%。图书馆及其相关服务依旧是学生生活中的重要组成部分，与智能手机持有率成鲜明对比的是，通过移动终端访问移动图书馆的占比仅为16.4%；相比于手机持有率的98.4%有极大的提升空间，相对于访问图书馆用户占比74.1%亦有很大的提升空间。换言之，对于图书馆的使用项目大家依旧聚焦在图书馆传统项目，对于移动端的图书馆关注太少。

（2）使用频率讨论。

研究对象对于图书馆的使用目的性比较明确，主要是为了学习而使用图书馆资源，图书馆提供的服务中使用最多的也是传统服务，诸如纸质资料借阅、电子资料下载、馆藏信息查询等，而对于图书馆的移动端服务使用明显偏少。大家往往习惯于使用计算机而不是移动手机访问图书馆网站，除了移动图书馆的推广工作不深入之外，移动图书馆所能提供的资源及服务不令人满意也是主要原因；其次图书馆的服务定位也要改变，不能让研究对象觉得因为要学习了所以才想到图书馆，而应该拓展服务类型融入到学生平时生活中去，成为生活的一个组成部分。

（3）使用体验讨论。

馆员服务热心但与学生互动性不够：图书馆馆员在履行职责过程中能够做到恪尽职守，研究对象对于馆员的服务态度是肯定的；但依旧认为互动性不够，这显示两者之间缺乏有效的沟通。研究对象可能认为馆员在工作过程中考虑的往往是便于管理、顺利开展工作、是否会影响到自己的劳动成果等，从而造成没能真正从读者角度考虑问题；作为馆员在充分沟通的前提下，如果能构建两者之间良好的人际关系，提供人性化的管理及服务一定能够感化读者。

参与度认知度应加强：问卷调查显示馆员在参与自动化系统中的参与度和认知度得分很高，介于同意和非常同意之间。表示馆员对系统的参与度和认知度仍可加强，有必要指出的是，技术支持部门的规模大小会影响到馆员对系统的易用认知；馆员对系统的操作使用也会在一定程度上影响服务质量。

有用性和易用性认知差异：整体而言，学生在系统对于工作学习方面的帮助上是有益的，同时也认为系统比较难以学习和使用。通过问卷调查发现对于系统的有用性和易用性看法上有表示非常同意的，也有表示非常不同意的。在系统使用手册是否完整清晰的看法上差异也较大，可见学生对系统的满意度是有差异的。有研究结果表明，馆员以及学校管理者的参与程度越高，越有助于学生对系统的接受度，也有助于提升系统的获益程度及使用度。

（4）感知服务期待讨论。

对图书馆情境感知服务期望值高且持积极态度：根据 2014 年 4 月的前期问卷调查统计显示 82.68% 的学生过去一年中使用过 QR 码；使用 QR 码以获取信息为目的的占 77.17%；对于图书馆使用 QR 码提升服务持积极态度的为 76.38%，无所谓的为 18.90%，持消极态度的仅占 4.72%。通过调查可知，学生使用 QR 码的首要目的是获取信息，图书馆开展 QR 码服务首先应该满足学生的信息需求；同时考虑方便学生发现并扫描 QR 码的设置。本次问卷调查发现在图书馆中扫描过 QR 码和定位功能的分值分别为 3.41 和 2.93，都偏向正面，说明学生对图书馆开展此类服务是很期盼的。

技术部门能提高满意度：问卷结果显示学生对图书馆开展移动情境感知服务是积极正面的，然而支撑情境感知服务的技术支持部门往往规模不大，基于小规模的技术支持部门人员导致人手不足以为系统维护及运行提供强有力的支撑，一般图书馆对技术支持部门的功能定位为对外负责为校内读者提供网络数据服务及特殊读者信息处理，对内负责图书馆内部的计算机设备维护、服务器的管理及网络管理。对于新技术的跟踪和开发以及为其他部门和用户提供个性化技术支持等任务显得过于奢望，咨询部门不大、疲于应付，在个别图书馆中不是很受重视，工作往往比较被动。

隐私性和安全性考虑：问卷结果显示研究对象对于个人信息的保护意识比较敏感。对于移动情境感知服务中可能的隐私性和安全性信息保护意识很强，图书馆位置信息服务得分比二维码扫描服务得分低也充分说明研究对象对于个人敏感信息的共享不是那么随性。所以图书馆情境感知服务应该在充分意识到保护学生隐私前提下开展，大力拓展提供一些基于共性且个性化的信息服务。

（5）开放性问题讨论。

本次调查设计了一些开放性问题。得到的反馈很有启发性：①建议专门设定学校数字图书博物馆的手机端 APP；依靠智能手机能够系统的了解学校、建筑、学院乃至学科的背景知识。②学校图书馆情境感知服务中可以开设人工咨询专栏，而不应该一味地灌输信息；③可以鼓励学生扫描 QR 码、位置服务，奖励其获得更长的图书借阅时间。④可以对情境感知服务的内容进行预定、评价，如允许扫描了同一 QR 码的同学进行交流；⑤允许学生通过手机端下载图书馆数字资源，现有的移动图书馆服务中并未开设这项服务；⑥图书馆情境感知服务应能够提供图书查询结果中相似图书的个性化推荐服务；⑦图书馆应开设相应推荐功能，定期向学生推荐到馆新书目录及相关信息，提高移动图书馆的关注度。

7.5 结论与建议

7.5.1 研究发现与结论

笔者对问卷数据进行了细致分析，并通过对开放性问题反馈意见的收集、整理、分析，归纳出七个重要的结论，这些结论和以往凭经验做出的结论完全不同。

（1）智能手机持有率极高，使用时间极长。

随着移动信息技术的快速发展，移动终端设备越来越普及，据小米公司官网数据显示，2014年小米公司共销售了6112万台智能手机，而在2013年它的销量为1870万台，2012年的销量仅为719万台，随之而来的是学生持有智能手机的比例为98.4%。现在的大学生常常被称为"数字原住民"，伴随着信息技术变革成长起来的一代人，往往被认为更容易接受新事物和新技术；然而在手机端花费大量的时间和精力主要目的不是为了学习，而是娱乐、聊天和购物。这种现象不利于学生的身心成长，也不利于学校学风建设。笔者认为有必要对学生长时间使用手机现象进行适当管控。

（2）图书馆相关服务使用率高，但移动端图书馆服务使用率很低。

问卷结果显示过去一个学期中研究对象使用过图书馆及相关服务的学生占比为96.4%，图书馆及其相关服务理应成为学生生活中的重要组成部分。笔者研究发现985高校全部开通移动图书馆，本次问卷涉及到的7所院校也都开通了移动图书馆，与之相反的是使用过移动图书馆的学生占比仅为16.4%，与使用过图书馆的学生占比74.1%、持有智能手机占比98.4%有很大差距。高校投入大量人力物力构建的移动终端却少人问津，值得所有人反思。问卷结果显示学生访问图书馆仅仅为了学习，休闲娱乐时却很少光顾；说明现有图书馆还没有真正意义上融入学生生活中。笔者认为当前有必要对移动图书馆的功能定位进行重新规划。

（3）馆员服务热心但与学生互动性不够，对新开展的系统参与度认知度低。

学生对于馆员的要求越来越高，尽管现有环境下图书馆馆员工作兢兢业业，但得分依旧偏低。可能由于馆员不熟悉系统的操作细节、系统使用麻烦以及系统使用手册不易阅读等原因导致对新系统的开展参与度不高，加上各馆领导者领导风格的差异，导致馆员对于系统的配合度有差异，甚至有时会有抵触心理[183]；馆员因其教育程度不同对系统的有用及易用认知程度也会有差异，进而导致参与度与认知度的不同。馆员的态度又反过来影响学生阅读体验。笔者认为学生的要求恰恰说明现有图书馆的管理模式需要改变，无论管理者还是馆员都需要虚心学习，积极向上。

（4）用户有用性和易用性认知差异导致结果迥异。

现有很多移动图书馆引入情境感知服务，单纯的以为图书馆开展情境感知服务也一定会很快得到肯定。然而调查揭示学生并不会积极主动去使用情境感知服务。学生持有智能手机，并不意味着持有者就会了解及使用手机的所有功能，学生主观上没有意识到情境感知服务能带来益处；同时移动终端的屏幕大小也会左右使用者服务体验的满意程度。说到底学生对于移动系统的有用性和易用性认知的不同可能会很大程度地影响用户体验感知。问卷结果显示对图书馆情境感知服务期望值高且持积极态度，但在馆内使用相关服务的比例并不高，而且对于隐私性和安全性顾虑问题关注度也很突出，进一步约束了使用相关服务的积极性。笔者认为一个移动系统的成功在于唤醒用户的有用性认知，让他们认为这个系统对他们是有益的而且容易使用，这样才是被广泛应用的前提。

（5）图书馆技术部门功能定位单一。

高校图书馆技术部门的主要职能归纳起来一般为：全面管理图书馆业务信息化和数字图书馆平台工作，包括图书馆自动化集成管理系统的管理、服务器及存储管理、网络管理、应用软件维护管理、网络资源的开发以及开展信息化技术研究等。笔者认为如果图书馆开展移动情境感知业务，那么以上职能定位远远不够。其中北京大学图书馆技术部门的职责中明确提出"为图书馆在云计算、移动化和虚拟化环境下利用信息技术提供新型服务模式提供技术支撑，并提供信息基础设施、技术保障与维护服务"内容、清华大学图书馆技术部门的职责中有"基于手机端的图书馆系统平台建设和技术支持"内容，这些内容为普通高校图书馆技术部门指明了发展方向；这些职能的设定为高校图书馆技术部门开展情境感知服务提供了可能。

（6）情境感知服务较单调。

问卷调查反馈显示，图书推荐、书目推荐、座位预定、图书博物馆解读等情境感知潜在服务有待现有移动图书馆的开发实现。移动情境感知技术能提供"任何时候、任何场合获取符合场景的、个性化的、实时信息"；随着智能手机的日益普及，移动图书馆 QR 码服务应该呈现和以往不一样的功能，比如根据学生的地理位置、用户偏好、结合用户需求和历史数据定制个性化信息等。移动图书馆情境感知服务开展应该建立在充分的学生需求调研基础上，尽量避免闭门造车。

（7）推广手段单一。

现有的情境感知服务大多是提供信息为主、专注于技术先进性；而学生更希望加入社会化交流功能。文献［13］认为图书馆对外服务中保持双向沟通的畅通尤为必要，利用社会化网络可以成为获取用户需求、相互理解的有效手段；现有的图书馆情境感知服务大多关注信息的发布与推广，对于信息发布是否提高图书馆服务质量、用户的接受程度如何却甚少考虑。管理者更应该关注利用情境感知服务实现图书馆和学生更有效的互动，利用移动终端的便利在学生的社会化网络中快速推广，提升及教育学生的同时实现图书馆"以学生为中心"的服务宗旨；同时为解决图书馆情境感知服务使用率低的问题，适当地在校园内推广、制定奖励性政策也是很有必要的。

通过本次调研我们发现，移动图书馆的服务方式、手段、功能定位和服务规划等还处于快速发展初期和探索阶段，存在着许多不足之处，主要涉及宣传和推广两方面。

宣传方面的问题主要体现在：①信息发布数量少，更新频率低；笔者通过网络调查 985 高校移动图书馆结果显示，只有 9 所院校图书馆定期更新信息，绝大多数图书馆更新周期长，甚至很少更新。内容更新不及时导致用户关注低降低，进而形成恶性循环。②推送内容形式单一，功能使用不足；现有的移动推送信息主要形式是文字、图片。固然有流量的考虑，但现在图书馆等室内场所大多实现了免费 WiFi，所以音频、视频等流媒体技术应该引入到移动推送信息中来。③推送内容质量差，难以吸引用户；智能手机端的信息推送到达率、准确性高，对推送内容的要求也苛刻。现有图书馆的推送频率、数量和质量并未规范。盲目的推送只会导致用户取消移动图书馆的关注。④偏重广播信息，缺乏交流互动等；大部分图书馆的互动性环节薄弱，只注重信息的发布，缺乏对受众群体的人文关怀。

推广方面的问题主要体现在：①定位不清晰，导致推广目标不明确；部分高校对移动图书馆的定位为：新技术应用、图书馆网站助手、馆藏图书借阅平台等；不同的定位导致推广主题不明，难以吸引用户注意。②平台开放性差，网络推广有难度；与微博不同，智能手机是社会化网络即时通工具，偏向封闭式一对一沟通。依靠网络自身推广有难度。③人员经费严重不足，线下推广偏少，例如，北京师范大学只有一名老师负责维护图书馆微博、微信、人人网及图书馆咨询部事宜，线下推广更无从谈起。

7.5.2　建　议

（1）智能手机使用目的需正确引导。

部分老师认为智能手机就是学生手头上的"移动网吧"，对学生的危害"用罄竹难书形容都不为过"。笔者认为大学生正处于人生观、价值观形成的关键时期，从学校到学院及各级辅助机构都应该加强学生社会主义核心价值观教育，帮助他们树立正确的价值观念；同时打造高品位的校园文化，包括科学精神和人文精神的文化讲坛、学术论坛或知识竞赛等，深层次的影响和引导大学生的思想认识、思维模式及行为方式；应加大管理力度，通过制定相关规章制度规范学生使用手机行为，比如每个学期设定强制整治活动，净化公共场合风气，提升学校的精神面貌[184]。最后积极引导学生自我进行约束，特别在夜间使用手机的时间不宜过长，好好休息，平时要丰富业余生活，比如外出旅游、和朋友聊天，散步，参加一些体育锻炼等转移注意力。

（2）提高移动端图书馆服务使用率。

移动图书馆突破了传统网络和地域限制，将图书馆馆藏资源及相关服务直接推送给终端用户，满足了用户随时随地获取所需信息需求，理应成为图书馆的重要发展方向。面对移动图书馆使用率低的问题，笔者认为加强移动图书馆的推广和应用是提高移动图书馆使用率的关键所在，随着移动互联网的发展，移动阅读成为大众获取信息的有效渠道之一，图书馆应该发挥应有的作用；其次与图书馆提供的丰富资源相比，移动图书馆资源相对匮乏，人性化、精细化做得不够，与图书馆结合也不是很好，开放性问题中反馈的图书定位功能、座位预约功能等个性化服务很欠缺，这都是移动图书馆可以完善的地方；最后高校图书馆的移动服务还需进一步提高，高校图书馆对移动服务普遍重视不够，往往是重建设轻服务。

（3）加强馆员与学生的互补性。

提升服务品质，重视系统教育训练。服务品质的良好是影响图书馆对读者满意度的重要因素，一个功能发展不完整的系统，再加上品质不佳的服务态度势必会失去更多得分，本次问卷研究对象认为馆员对于系统参与度和认知度普遍表示有点不满意，而研究结果也显示，完整明确的系统使用说明手册以及良好的教育训练是影响馆员顺利使用系统功能的重要因素。因此图书馆应该开辟特殊通道有利于馆员和学生的相互沟通，同时制定一个长远的规划及其相关配套制度，培养馆员的终身学习愿景，比如上海交通大学图书馆采用讲座、报告、专题研讨、参与馆内项目小组、参与国内外学术会议等方式促进学习型组织的形成；其次制定相关评价机制，客观真实的评估馆员的劳动价值，并给予等价的奖励，可以是物质、经济或其他精神奖励。

（4）用户有用性和易用性认知差异导致结果迥异。

技术接受模式认为，使用者对技术使用的态度越积极，使用技术行为的意愿就会越强烈，技术的接受度也就会越高。其中感知有用性和易用性为其两个结构因素。该模式被广泛应用于信息技术领域，很多学者的研究也证实了该理论的有效性。对于移动图书馆的推广工作应该着重介绍其易用性和对用户的有效价值，开发和设计独具特色的移动服务，拓展服务范围；开发和设计个性化服务项目，将其嵌入到移动图书馆应用中，丰富数字图书馆的服务范围。从而满足用户的多元需求，拉近用户与图书馆的距离；做好移动图书馆远景规划，整合图书馆移动应用；众多的情境感知应用作为图书馆服务的延伸，各具特色。微博的大众传媒特性、微信的精准传播、人人网的校园网络实名认证、QR 码的位置服务等一系列的先进技术和工具可以优势互补的为用户提供服务，从而进一步提升用户的有用性和易用性认识。

（5）图书馆技术部门功能多样化。

大多数图书馆都设有技术部门对有关自动化系统进行维护和管理工作，但规模都普遍不大，主要任务是协调沟通各部门、控制系统的使用权限、维护系统的正常运行等。技术部门可担任馆员与读者之间的桥梁，有助于对既有系统功能的全盘掌握，同时可提供馆员合适且系统的技术支持工作，进而有助于提升读者对系统服务满意度看法。笔者认为在传统业务定位基础上，有必要加入一些新形势下的合理功能要求，比如负责新技术跟踪和开发，为图书馆其他部门和用户提供技术支持；为图书馆在云计算、移动化和虚拟化环境下利用信息技术提供新型服务模式提供技术支撑，以及基于手机端的图书馆系统平台建设和技术支持；有关资源建设与服务项目的技术支持及小型研发等；说到底是加大投入和重视，只有这样图书馆情境感知服务才有基础。

（6）情境感知服务应该提供差异化、个性化服务。

本书对问卷调查的开放性问题进行了归纳发现，学生对移动图书馆的要求大概可以归纳为如下：一是界面人性化、易用性要求；二是传统图书馆业务的移动化，比如图书续借功能、短信提示、馆藏查询等；三是个性化服务，这方面的要求五花八门，有要求借书送书上门、图书定位、扫一扫、跳蚤市场、座位预定，甚至还有自习室订餐要求等。从中可以看出学生对于个性化服务的需求是相当旺盛的，如果图书馆能够迎合学生的合理要求，灵活实施，再配合切实可行的推广策略一定会使得移动图书馆在学生心中扎根。本次调研也发现现有情境感知服务存在的问题不少：其一，缺乏远景规划，移动应用技术繁杂；高校图书馆往往是新技术应用的领头羊，微博、微信、人人网、QR 码各种移动应用应接不暇，但效果却不尽如人意，归结起来主要是没有远景规划导致后继乏力；其二，服务模式单一，创新性服务少，个性化开发服务不足。2014 年 4 月进行的网络调查结果显示图书馆微信服务中 63.6% 为图书借阅，个性化服务、社会服务开展率仅为 31%。人员及经费的不足导致个性化开发服务无法开展。基于此笔者认为图书馆当前主要任务是了解学生所需，进行合理的长效规划，并适时启动一些人性化、差异性服务是极其必要的。

（7）解决推广问题。

第一，宣传方面的建议：①定期更新内容；内容的定期更新能吸引用户的关注，根据用户的反馈调整更新的时间和频次；这样才能持续的吸引和留住用户。②丰富移动终端推送形式；移动终端屏幕小，使用的是零碎时间，基于以上特性信息推送的内容形式应该丰富多彩、短小精致。③保证推送内容质量；全书认为，提升推送内容质量的方式归纳起来有：推送内容形式多样化、知识深度化、用词生活化、篇幅短小化。④增设服务互动板块；通过互动可以了解用户的需求，激发用户的参与积极性，对提高图书馆的服务质量和移动情境感知服务发展方向都有现实意义。

第二，推广方面的建议：移动网络时代，用户的消费行为模式从传统的 AIMDA 向 AISIS 模式转变，AISIS 模式具有鲜明的网络特性。高校图书馆进行移动情境感知的营销推广可以操作的策略一般有 3 个，即自身品牌影响力、推广活动、用户互动；结合 AISIS 模式可以上述三个策略组合成两个过程：①AI 粉丝聚集阶段：图书馆依靠自身品牌影响力或是通过短期推广活动，把目标用户聚集到移动图书馆。此阶段的目的是聚集尽可能多的目标用户。常用的方式是：学校主页、图书馆网站、微博等线上媒体联动；线下举行有奖竞猜、鼓励使用、学生沙龙等活动推广移动情境感知服务。②SAS粉丝互动阶段：包含搜索、使用、分享三个环节。移动情境感知服务清晰规范，辅以二维码扫描方便用户搜索；提供个性化服务、社会服务提升用户满意度；用户对移动情境感知服务的体验、评论和转载构成分享的开始，从而聚集其他用户关注移动图书馆。此阶段通过推广活动和用户互动策略吸引更多用户关注。常用的方式是在移动图书馆上开展活动和设计话题，调动用户的创新和分享热情。此外，更为重要的是，高校图书馆需要明确移动图书馆的服务定位，打造移动图书馆服务精英团队。只有目标明确，辅以高素质的服务团队，采取恰当的营销方式才能更好地完成宣传和推广任务。

7.6　本章小结

对大学生使用先进技术、图书馆情境感知服务普遍存在错误的认知，这些认知并没有准确的反映现实。通过全书的实际调查研究，澄清了以往错误的偏见，揭示在图书馆中适当开展情境感知是必要的。管理者在决策过程中更应该关注如何在学生中推广情境感知服务，使情境感知服务成为保持图书馆和学生之间的双向沟通畅通的有效工具之一，同时利用移动情境感知技术提供更为独特的个性化服务。合理应用移动情境感知技术给学生带来便利的同时能进一步提高图书馆服务质量。

第 8 章

结论与展望

8.1 主要研究结论

图书馆情境感知服务是图书馆适应移动网络服务发展的需要，也是移动图书馆服务研究的重要课题之一，研究图书馆情境感知服务对于提升移动图书馆的吸引力和粘合力都有着重要意义。全书对情境感知服务的发展进行了回顾，并对图书馆领域的情境感知服务研究进行了系统分析，建立了融合情境感知服务的智慧图书馆框架模型，对所涉及到的一些关键问题进行了相关理论和技术研究，最后对图书馆情境感知服务应用发展提出了建议。本书的主要工作总结如下：

（1）本书重点研究了图书馆情境感知服务的技术框架和关键技术。随着移动网络的发展，为满足移动用户随时随地获取信息的需要，图书馆情境感知服务是极其必要的。图书馆情境感知服务需要获取不同状态下用户的信息需求，进而进行主动推荐。用户在不同情境所需的图书馆资源和服务是不一样的。为获取用户的情境，需要研究一种能够描述、表达用户需求和情境信息的方式。基于此，全书在移动情境感知服务系统体系结构基础上结合图书馆特点提出了一个图书馆情境感知服务框架结构，并对模型的主要组件进行了详细介绍，为原型模型的构建奠定了基础。本书分析了情境感知服务在图书馆的应用进展，并对研究的重难点问题进行了归纳总结。

（2）利用面向服务思想，构建图书馆情境感知中间件模型屏蔽移动终端设备的差异性和异质性。针对目前移动图书馆环境现状，由于用户所持的智能终端以及情境感知服务的终端设备是异质和多样化的，本书提出了一种面向服务的图书馆情境感知中间件适配方法，该方法能够屏蔽掉这些差异进而获取所需数据，通过接口机制辨识终端设备，实现信息交流的任务；通过本体方式描述和共享情境数据，运用合理的逻辑推理获取知识从而进行主动服务；针对移动状态下情境可能突变的状况，全书利用组合适应设计了一种自适应机制，试图在没有在用户干涉情况下自动调整服务以适应动态环境的变化。

（3）构建了图书馆情境感知服务本体模型。针对图书馆服务多样性的特点，且这些服务涉及到的用户表示及终端设备数据表达各异问题，本书采取本体建模方法构建用户模型、应用服务模型和终端设备模型，三部分统一构成图书馆情境感知服务描述模型。各个部分都设计了相关领域本体概念及概念之间的关联和分层结构。情境信息嵌入在各个模型之中，使用 Protégé 软件实现了本体模型，并转化成为符合 Owl 语言的代码表示。

（4）研究了图书馆情境感知服务的具体应用，对基于时间、地点和用户属性的图书馆应用逐一进行了系统研究。其中针对基于位置感知的图书馆信息服务，全书对 985 高校图书馆进行了网络调研，分析比较了高校图书馆开展 QR 码、微信和微博等服务，对图书馆利用微信、QR 码和 RFID 标签开展个性化服务进行了分析，并对其他高校开展相关服务提出了建议；同时全书提出了基于用户属性的信息推荐算法，相比 Apriori 算法有较大改进，并构建和实现了原型模型。

（5）对图书馆情境感知服务应用提出了对策建议。图书馆信息化建设过程中投入了大量人力物力，使用效果却不尽如人意。全书对学生使用图书馆情境感知服务进行了问卷调查，力图从学生角度分析什么业务适合开展，以什么方式开展。问卷调查主要围绕四个部分：学生使用手机情况、图书馆使用经历、图书馆使用体验、图书馆情境感知服务期待。选取南昌市七所本科院校进行调查，共发放问卷 600 份，回收有效问卷 440 份，对问卷样本数据进行分析发现许多跟经验和想象完全不同的结论，包括：智能手机持有率极高、使用时间极长、使用目的需正确引导；图书馆相关服务使用率高，但移动端图书馆服务使用率很低；馆员服务热心但与学生互动性不够，对新开展的系统参与度认知度应加强；用户有用性和易用性认知差异导致结果迥异；图书馆技术部门功能定位单一；情境感知服务不能太单调，应该提供差异化、个性化服务；推广手段单一等。在此基础上全书深入研究并提出了针对性的建议。

8.2 展　　望

本书对图书馆情境感知服务内涵、框架结构及关键技术进行了系统研究，构建图书馆情境感知服务应用原型模型，并从学生角度出发对图书馆情境感知服务应用发展提出了相关建议。但由于受到时间和笔者研究实践环境限制，还存在着一些不足，需要后续工作的继续完善。笔者还将在以下几个方面做出努力：

第一，继续研究图书馆服务领域的相关知识并根据应用需要对全书构建的本体模型进行完善及扩展。

第二，对于移动用户所处环境的动态性全书提出了服务组合自适应调度策略，为进一步提高自适应效率及服务质量，需要继续相关算法的研究。

第三，完善原型模型功能，扩展用户留言、跳蚤市场等学生期待的功能；并适时考虑以南昌航空大学图书馆为依托实现小规模的实践应用。

第四，研究范围继续扩大，问卷调查不仅仅局限于用户，对图书馆情境感知服务涉及到的图书馆类型、图书馆员工、软件提供商等实体进行问卷调查。试图从宏观上对服务的应用和推广进行研究，研究内容方面也有许多内容有待深入，比如服务质量、情境信息获取、隐私性及安全性问题等。

参 考 文 献

［1］中国互联网络信息中心. 第41次中国互联网络发展状况调查统计报告［R］. 2018.

［2］曾春，邢春晓，周立柱. 个性化服务技术综述［J］. 软件学报，2002，13（10）：1952－1961.

［3］王国霞，刘贺平. 个性化推荐系统综述［J］. 计算机工程与应用，2012，48（7）：66－76.

［4］王立才，孟祥武，张玉洁. 上下文感知推荐系统［J］. 软件学报，2012，23（1）：1－20.

［5］王立才，孟祥武，张玉洁. 移动网络服务中基于认知心理学的用户偏好提取方法［J］. 电子学报，2011，39（11）：2547－2553.

［6］顾君忠. 情景感知计算［J］. 华中师范大学学报，2009（5）：1－20.

［7］Christos E Remous－Aris，Aimilia T. Mobile guides：Taxonomy of architectures，context awareness，technologies and applications. Journal of Network and Computer Applications，2013，36：103－125.

［8］Jose M F，Ruben F F，Juan Pavon. Architecture for Management and Fusion of Context Information. Information Fusion 2013. http：// dx. doi. org/10. 1016/j. inffus. 2013. 10. 007.

［9］Serrano J M，Serrat J. Information modeling and handling for context-aware multimedia services. IEEE Wireless Communications，2006，13（5）：104－111.

［10］ O'Grady M J, O'Hare G M P. Mobile agents for mobile tourists: A user evaluation of Gulliver's genie. Interacting with Computers, 2005, 17 (4): 343 –366.

［11］ Jorns O, Jung O, Quirchmayr G. Transaction pseudonyms in mobile environments. Journal in Computer Virology, 2007, 3 (2): 185 –194.

［12］ Griswold W G, Shanahan P, et al. Active Campus: Experiments in community-oriented ubiquitous computing. IEEE Computer, 2004, 37 (10): 73 –81.

［13］ Morla R, Davies N. Evaluating a location-based application: A hybrid test and simulation environment. IEEE Pervasive Computing, 2004, 3 (3): 48 –56.

［14］ Newman M E J. The structure and function of complex networks. SIAM Review, 2003, 45 (2): 167 –256.

［15］ Kwon O B. Multi-agent system approach to context-aware coordinated web services under general market mechanism. Decision Support Systems, 2006, 41 (2): 380 –399.

［16］ Girardello A, Michahelles F. AppAware: Which mobile applications are hot? ［C］. In Proc of the Human Computer Interaction with Mobile Devices and Services, 2010: 431 –434.

［17］ Quercia D, Capra L, Friend Sensing. Recommending friends using mobile phones ［C］. In Proc of the RecSys 2009. New York: ACM Press, 2009: 273 –276.

［18］ Davidsson C, Moritz S. Utilizing implicit feedback and context to recommend mobile applications from first use ［C］. In Proc of the CaRR 2011. New York: ACM Press, 2011: 19 –22.

［19］ Baldauf M, Frohlich P, Masuch K, Grechenig T. Comparing viewing and filtering techniques for mobile urban exploration. Journal of Location –Based Services, 2011, 5: 38 –57.

［20］Chang Y J, Lin B S. An inquiry-based ubiquitous tour system. 2011 International Conference on Complex, Intelligent, and Software Intensive Systems. Seoul, South Korea; 2011: 17 – 23.

［21］刘威, 王汝传等. 基于本体的上下文感知中间件框架［J］. 计算机技术与发展, 2010, 20 (5): 51 – 56.

［22］李书宁. 情景敏感数字图书馆服务系统用户情景的本体建模［J］. 情报资料工作, 2008, (6): 61 – 65.

［23］Adomavicius G, Tuzhilin A. Context – Aware recommender systems. Recommender Systems Handbook. Berlin: Springer – Verlag, 2011: 217 – 253.

［24］Adomavicius G, Sankaranarayanan R, Sen S, Tuzhilin A. Incorporating contextual information in recommender systems using a multidimensional approach. ACM Trans. on Information Systems (TOIS), 2005, 23 (1): 103 – 145.

［25］Adomavicius G, Tuzhilin A. Context – Aware recommender systems. Proc. of the RecSys 2008, New York: ACM Press, 2008: 335 – 336.

［26］胡慕海. 面向动态情境的信息推荐方法及系统研究［D］. 华中科技师范大学, 2011.

［27］H Van der Heijden. Mobile decision support for in-store purchase decisions. Decision Support Systems, 2006, 42 (2): 656 – 663.

［28］Indranil Bose, Xi Chen. A framework for context sensitive services: A knowledge discovery based approach. Decision Support Systems, 2009 (48): 158 – 168.

［29］Chen A. Context – Aware collaborative filtering system: Predicting the user's preferences in ubiquitous computing environment［C］. Proc of the LoCA 2005. Berlin, 2005: 244 – 253.

［30］Miele A, Quintarelli E, Tanca L. A methodology for preference-based personalization of contextual data［C］. Proc of the EDBT IEEE Computer Society, Washington, 2009: 287 – 298.

[31] Burrell J, Gay G K, E-graffiti. Evaluating real-world use of a context-aware system. Interacting with Computers, 2002, 14 (4): 301 – 312.

[32] Shiraki T, Ito C, Ohno T. Large scale evaluation of multi-mode recommender system using predicted contexts with mobile phone users [C]. In Proc of the RecSys 2011 Workshop on CARS 2011, Chicago, 2011.

[33] Seoungho B, Lim S Y, Huh J. Managing mechanism for service compatibility and interaction issues in context-aware ubiquitous home. IEEE Transactions on Consumer Electronics, 2005, 51 (2): 524 – 528.

[34] Cano J C, David F, Pietro M. Evaluating Bluetooth performance as the support for context-aware applications. Telecommunication Systems, 2005, 28 (3): 333 – 347.

[35] Carolis B D, Novielli N, Plantamura V L, Gentile, E. Generating comparative descriptions of places of interest in the tourism domain [C]. In: Proc. of the RecSys 2009. New York: ACM Press, 2009: 277 – 280.

[36] Gavalas D, Charalampos K, Konstantinos M, et al. Mobile recommender systems in tourism [C]. Journal of Network and Computer Applications, 2013: 1 – 15.

[37] Tsai P Y, Liu D R. Personalized popular blog recommender service for mobile applications [C]. 10th International Conference, 2009: 2 – 13.

[38] Wac K, Halteren A, Tom B. Context-aware QoS provisioning in an m-health service platform. International Journal of Internet Protocol Technology, 2007, 2 (2): 102 – 108.

[39] Hosseini-pozveh M, Nematbakhsh M A, Movahhedinia, N. A multidimensional approach for context-aware recommendation in mobile commerce. International Journal of Computer Science and Information Security, 2009, 3 (1): 86 – 91.

[40] Norrie M C, Signer, B. Context-aware platform for mobile data

management. Wireless Networks, 2007, 13 (6): 855 – 870.

[41] 钟志鹏, 王涌天, 陈靖等. 一个基于移动视觉搜索技术的博物馆导览系统 [J]. 计算机辅助设计与图形学学报, 2012, 4 (4): 555 – 562.

[42] Schilit, B, Theimer, M. Disseminating active map information to mobile Hosts. IEEE Network, Vol. 8 No. 5 (1994): 22 – 32.

[43] Dey, A K. Understanding and using context. Personal and Ubiquitous Computing, 2001, 5 (1): 4 – 7.

[44] 吕明琪, 陈岭. 移动通信网络环境下的用户运动模式挖掘 [J]. 东南大学学报, 2011, 41 (2): 252 – 256.

[45] 谢海涛, 孟祥武. 适应用户需求进化的个性化信息服务模型 [J]. 电子学报, 2011, 39 (3): 643 – 648.

[46] Rendle S, Gantner Z, Freudenthaler C. Schmidt – Thieme L. Fast context-aware recommendations with factorization machines [C]. In Proc of the SIGIR 2011. New York: ACM Press, 2011: 635 – 644.

[47] Averjanova O, Ricci F, Nguyen Q N. Map – Based interaction with a conversational mobile recommender system [C]. In Proc of the Mobile Ubiquitous Computing. Valencia: IEEE Computer Society, 2009: 212 – 218.

[48] Karatzoglou A, Amatriain X, Baltrunas L, Oliver N. Multiverse recommendation: N – Dimensional tensor factorization for context-aware collaborative filtering [C]. In Proc of the Recsys 2010. New York: ACM Press, 2010: 79 – 86.

[49] Woerndl W, Brocco M, Eigner R. Context – Aware recommender systems in mobile scenarios. Int'l Journal of Information Technology and Web Engineering, 2009, 4 (1): 67 – 85.

[50] Han B J, Rho S, Jun S, Hwang E. Music emotion classification and context-based music recommendation. Multimdia Tools and Applications, 2010, 47 (3): 433 – 460.

[51] Kahng M, Lee S K, Lee S G. Ranking in context-aware recom-

mender systems ［C］. In Proc of the WWW 2011. New York：ACM Press，2011：65 –66.

［52］ Ge Y，Xiong H，Tuzhilin A，Xiao K L，Gruteser M，Pazzani，M J. An energy-efficient mobile recommender system ［C］. In Proc of the KDD 2010. Washington：ACM Press，2010：899 –907.

［53］ Lee S K，Cho Y H，Kim S H. Collaborative filtering with ordinal scale-based implicit ratings for mobile music recommendations. Information Sciences，2010，180（11）：2142 –2155.

［54］ Yap G E，Tan A H，Pang H H. Discovering and exploiting causal dependencies for robust mobile context-aware recommenders. IEEE TKDE，2007，19（7）：977 –992.

［55］ Oku K，Nakajima S，Miyazaki J，*et al.* Context-aware SVM for Context-dependent Information Recommendation ［C］. In：Pro-ceedings of International Workshop on Future Mobile and Ubiquitous Information Technologies，2006：119 –122.

［56］ 吴丽花，刘摇鲁. 个性化推荐系统用户建模技术综述 ［J］. 情报学报，2006，25（1）：55 –61.

［57］潘旭伟，李娜等. 情境感知的自适应个性化信息服务体系框架研究 ［J］. 情报学报，2011（5）：514 –521.

［58］王玉祥，乔秀全，李晓峰，孟洛明. 情境感知的移动社交网络服务选择机制研究 ［J］. 计算机学报，2010，33（11）：2126 –2135.

［59］陈天娇，胥正川，黄丽华. 情景感知服务的用户接受模型研究 ［J］. 科技进步与对策，2007，24（2）：142 –148.

［60］ Tuukka Ruotsalo，Krister Haav. SMARTMUSEUM：A mobile recommender system for the Web of Data ［J］. Web Semantics：Science，Services and Agents on the World Wide Web. 2013（20）：50 –67.

［61］徐如志，纪柏涛，王帅强. 云计算环境下手机情景模式智能化学习模型及算法研究 ［J］. 小型微型计算机系统，2013，34（1）：

125 – 131.

［62］胡慕海，蔡淑琴，谭婷婷. 面向移动数字图书馆的情境敏感型知识推荐研究［J］. 计算机科学，2011（8）：92 – 95.

［63］Weiser M. The computer for the 21st century. Scientific American, 1991, 265（3）：94 – 104.

［64］Michael Friedewald, Oliver Raabe. Ubiquitous computing：An overview of technology impacts［J］. Telematics and Informatics, 2011（28）：55 – 65.

［65］Chopra S, Sodhi M S. Looking for the bang from the RFID buck. Supply Chain Management Review. 2007（4）：34 – 41.

［66］Fleisch E, Tellkamp C. The business value of ubiquitous computing technologies. In：Roussos, G.（Ed.），Ubiquitous and Pervasive Commerce. Springer, London, 2006：93 – 113.

［67］Reyes P M, Frazier G V, Prater E L, Cannon A R. RFID：The state of the union between promise and practice. International Journal of Integrated Supply Management, 2007, 3（2）：192 – 206.

［68］Fishkin K P, Lundell J. RFID in healthcare. In：Garfinkel, Rosenberg, 2006：211 – 228.

［69］Want R, Pering T. System challenges for ubiquitous and pervasive computing. In：Proc. the 27th international conference on Software engineering, ACM, 2005：9 – 14.

［70］Gruber T. A translation approach to portable ontologies. Knowledge Acquisition, 1995, 5（2）：199 – 220.

［71］Ricci F. Mobile recommender systems. Int'l Journal of Information Technology and Tourism, 2011, 12（3）：205 – 231.

［72］Roskilde University. Sixth International and Interdisciplinary Conference on Modeling and Using Context［EB/OL］.［2013 – 08 – 20］. http：//context – 07. ruc. dk.

［73］Christos E, Remous - Aris, Aimilia T. Mobile guides: Taxonomy of architectures, context awareness, technologies and applications. Journal of Network and Computer Applications, 2013 (36): 103 - 125.

［74］Christos A, Athanasios T, Stathes, H. Context awareness in mobile computing environments: a survey ［J］. Wireless Personal Communications, 2007, 42 (3): 445 - 464.

［75］Jong-yi Hong, Eui-ho Suh, Sung - Jin Kim. Context-aware systems: A literature review and classification. Expert Systems with Applications, 2009, (36): 8509 - 8522.

［76］孟祥武，胡勋，王立才，张玉洁. 移动推荐系统及其应用研究 ［EB/OL］. 软件学报, 2013, http: //www. jos. org. cn/1000 - 9825/ 4292. htm.

［77］Lee W P. Deploying personalized mobile services in an agent-based environment ［J］. Expert Systems with Applications, 2007, 32 (4): 1194 - 1207.

［78］Adomavicius G, Tuzhilin A. Personalization technologies: A process-oriented perspective. Communications of the ACM, 2005, 48 (10): 83 - 90.

［79］X Xue, *et al.* Context-aware intelligent service system for coal mine industry, Compute Industry (2013), http: //dx. doi. org/10. 1016/ j. compind, 2013 (11): 010.

［80］Younghee Noh. A study on next-generation digital library using context-awareness technology ［J］. Library Hi Tech, 2013, 2 (31): 236 - 253.

［81］Jong-yi Hong, Eui-ho Suh, Sung - Jin Kim. Context-aware systems: A literature review and classification ［J］. Expert Systems with Applications, 2009 (36): 8509 - 8522.

［82］Rich E. User modeling via stereotypes. Cognitive Science, 1979, 3 (4): 329 - 354.

［83］Daniel Memmi. Information overload and virtual institutions. AI &

Soc, 2014 (29): 75 – 83.

[84] Jim Blackbay, Beth Sandore. Building Integrated Museum Information Retrieval Systems: Practical Approaches to Data Organization and Access [J]. Archives and Museum Informatics, 1997 (11): 117 – 146.

[85] Gavalas D, Kenteris M. Evaluation of a web recommender system in electronic and mobile tourism. International Journal of Web Engineering and Technology, 2012, 7 (1): 4 – 21.

[86] Kenteris M, Gavalas D, Economou D. Aninnovative mobile electronic tourist guide application. Personal and Ubiquitous Computing, 2009, 13 (2): 18 – 103.

[87] Noguera J M, Barranco M J, Segura R J. A mobile 3D – GIS hybrid recommender system for tourism. Information Sciences, 2012 (215): 37 – 52.

[88] Horozov T, Narasimhan N, Vasudevan V. Using location for personalized POI recommendations in mobile environments. In: Proceedings of the 2006 international symposium on applications and the Internet (SAINT'06), 2006: 9 – 124.

[89] Yu C C, Chang H P. Personalized location-based recommendation services for tour planning in mobile tourism applications. In: Proceedings of the 10th interna-tional conference on e-commerce and web technologies (EC – Web' 09), 2009: 38 – 49.

[90] Fuchs M, Zanker M. Multi-criteria ratings for recommender systems: an empirical analysis in the tourism domain. In: Proceedings of the 13th international conference on e-commerce and web technologies (EC – Web'12), 2012: 100 – 111.

[91] Baltrunas L, Ludwig B, Peer S, Ricci F. Context relevance assessment and exploitation in mobile recommender systems. Personal and Ubiquitous Computing, 2012, 16 (5): 26 – 507.

[92] Ricci F, Nguyen Q N. Acquiring and revising preferences in a cri-

tique-based mobile recommender system. IEEE Intelligent Systems，2007，22 (3)：9 – 22.

［93］严隽薇，黄勋等．基于本体用户兴趣模型的个性化推荐算法 ［J］，计算机集成制造系统，2010，12（6）：2757 – 2782.

［94］田蕊，龚惠玲等．基于移动技术的国外博物馆新型传播模式 对图书馆服务的启示 ［J］．情报资料工作，2012（5）：89 – 94.

［95］Song I J. A study on public library with intelligent space system in ubiquitous environment ［D］. The Kyonggi University，2008.

［96］Hicks，A，Sinkinson C. Situated questions and answers：Responding to library users with QR codes ［J］. Reference & User Services Quarterly，2011，51（1）：60 – 69.

［97］Kane D，Schneidewind J. QR codes as finding aides：Linking electronic and print library resources ［J］. Public Services Quarterly，2011. 7 (4)：111 – 124.

［98］Walsh A. Blurring the boundaries between our physical and electronic libraries：Location-aware technologies，QR codes and RFID tags ［J］. The Electronic Library，2011，29（4）：429 – 437.

［99］周园春，李淼等．中间件技术综述 ［J］．计算机工程与应用，2002 (15)：80 – 86.

［100］Uwe B，Aurelie B，Florentin P，Etienne S. Distributed real-time computing for microcontrollers-the OSA + approach. In：Proceedings of the Fifth IEEE International Symposium on Object – Oriented Real – Time Distributed Computing，IEEE Computer Society，2002：169.

［101］Douglas C S，David L L，Sumedh M. The design of the TAO real-time object request broker. Computer Communications，1998，21（4）：294 – 324.

［102］Raymond K，Douglas C S，Carlos O. Towards highly configurable real-time object request brokers. In：Proceedings of ISORC'02，2002：437 –

447.

［103］Shengpu Liu，Liang Cheng. A context-aware reflective middleware framework for distributed real-time and embedded systems ［J］. The Journal of Systems and Software 84，2011：205 – 218.

［104］Garbinato B，Guerraoui R，Mazouni K R. Distributed programming in GARF. In：Proceeding of the ECOOP Workshop on Object – Based Distributed Programming. Springer – Verlag，Kaiserslautern，Germany，1995：225 – 239.

［105］Romain R，Paolo B，*et al*. MUSIC：Middleware Support for Self – Adaptation in Ubiquitous and Service – Oriented Environments. Self – Adaptive Systems，Vol. 5525. 2009：164 – 182.

［106］Praveen K S，Joseph P L，*et al*. Component-based dynamic QoS adaptations in distributed real-time and embedded systems. In：Proceeding of the International Symposium on Distributed Objects and Applications（DOA' 04）3291，2004：1208 – 1224.

［107］Licia C，Wolfgang E，Cecilia M. Carisma：context-aware reflective middleware system for mobile applications. IEEE Transaction on Software Engineering，2003，29（10）：929 – 945.

［108］张广胜，蒋昌俊等. 面向服务的企业应用集成系统描述与验证［J］. 软件学报，2007，18（12）：3015 – 3030.

［109］W Tsai，Y – H Lee，Z. Cao. RTSOA：real-time service-oriented architecture，in：Proceedings of the Second IEEE Symposium on SOA Engineering，Shanghai，2006：49 – 56.

［110］B Kowalewski，M Bubak，B Bali's. An event-based approach to reducing coupling in large-scale applications，in：Proceedings of the 8th International Conference on Computational Science，2008：358 – 367.

［111］Z Laliwala，S Chaudhary. Event-driven service-oriented architecture，in：2008 International Conference on Service Systems and Service Management, Melbourne, Vict, Australia, 2008: 1 – 6.

[112] O Levina. Vladimir Stantchev, Realizing event-driven SOA, in: Fourth International Conference on Internet and Web Applications and Services, ICIW '09, Venice/Mestre, 2009: 37 – 42.

[113] J Mendling, M Hafner. From WS – CDL choreography to BPEL process orchestration, J. Enterp. Inf. Manag, 2008, 21 (5): 525 – 542.

[114] A Baker, P Besana, D Robertson, J B Weissman. The benefits of service choreography for data-intensive computing, in: Proceedings of the 7th Inter-national Workshop on Challenges of Large Applications in Distributed Environments, 2009: 1 – 10.

[115] Y Yoon, C Ye, H Jacobsen. A distributed framework for reliable and efficient service choreographies, in: Proceedings of the 20th International Confer-ence on World Wide Web, 2011: 785 – 794.

[116] B D Noble, M Satyanarayanan, D Narayanan, J E Tilton, J Flinn, K R Walker. Agileapplication-aware adaptation for mobility, in: Proceedings of the 6th ACM Symposium on Operating Systems Principles, 1997: 276 – 287.

[117] A T S Chan, S N Chuang. MobiPADS: a reflective middleware for context-aware mobile computing, IEEE Transactions on Software Engineering, 2003, 29 (12): 1072 – 1085.

[118] L Capra, W Emmerich, C Mascolo. CARISMA: context-aware reflective middleware system for mobile applications, IEEE Transactions on Software Engineering, 2003, 29 (10): 929 – 944.

[119] V C Zandy, B P Miller. Reliable network connections, in: Proceedings of the 8th Annual International Conference on Mobile Computing and Networking, MobiCom' 02, Atlanta, Georgia, USA, 2002: 95 – 106.

[120] P Costa, G Coulson, R Gold, M Lad, C Mascolo. The RUNES middleware for networked embedded systems and its application in a disaster man-

agement scenario, in: Proceedings of IEEE International Conference on Pervasive Computing and Communications, 2007: 69 – 78.

［121］J M Reyes, J Wong. Service-oriented middleware for smart home applications, in: Proceedings of IEEE Wireless Hive Networks Conference, 2008: 1 – 4.

［122］K Khedo, R K Subramanian. A Service – Oriented Component – Based Middleware Architecture for Wireless Sensor Networks, International Journal of Computer Science and Network Security, 2009, 9 (3): 174 –182.

［123］X H Wang, D Q Zhang, T Gu, H K Pung. Ontology based context modeling and reasoning using OWL, in: Proceedings of the Second IEEE Annual Conference on Pervasive Computing and Communications Workshops PERCOMW'04, 2004.

［124］T Strang, C Linnhoff – Popien, K Frank. CoOL: a context ontology language to enable contextual interoperability, in: Proceedings of the 2003 IFIP International Federation for Information Processing, 2003.

［125］H Chen, F Perich, T Finin, A Joshi. SOUPA: standard ontology for ubiquitous and pervasive applications, in: Proceedings of the First Annual International Conference on Mobile and Ubiquitous Systems: Networking and Services, Mobiquitous'04, 2004.

［126］Edwin J Y Wei, Alvin T S Chan. CAMPUS: A middleware for automated context-aware adaptation decision making at run time ［J］. Pervasive and Mobile Computing, 2013, (9): 35 –56.

［127］N Medvidovic, D S Rosenblum, R N Taylor. A language and environment for architecture-based software development and evolution, in: Proceedings of the 21st International Conference on Software Engineering ICSE99, 1999: 44 –53.

［128］I Sora, P Verbaeten, Y Berbers. CCDL: the composal components description language, International Journal on Software Tools for Technology Transfer, 2007, 9 (2): 155-168.

[129] T Strang, C Linnhoff-Popien, K Frank. CoOL: a context ontology language to enable contextual interoperability, in: Proceedings of the 2003 IFIP International Federation for Information Processing, 2003.

[130] G Fischer. User modeling in human-computer interaction, User Model. User-Adapt. Interact, 2001 (11): 65-86.

[131] Konopka B M. Biomedical ontologies—A review. Biocybern Biomed Eng (2014), http://dx. doi. org/10. 1016/j. bbe. 2014. 06. 02.

[132] 岳玮宁, 董士海, 王悦等. 普适计算的人机交互框架研究 [J]. 计算机学报, 2004, 27 (12): 1657-1664.

[133] 章伟民, 徐梅林. 全球视阈中的教育技术: 应用与创新 [M]. 上海: 华东师范大学出版社, 2006.

[134] CELTS-11, 网络教育技术规范. 学习者模型规范-信息模型规范 [S].

[135] 邵非. 基于位置感知的移动信息服务若干关键技术研究 [D]. 华东师范大学, 2011.

[136] Palmisano C, Tuzhilin A, Gorgoglione M. "Using Context to Improve Predictive Models of Customers in Personalization Applications." IEEE Transactions on Knowledge and Data Engineering, 2008, 20 (11): 1535-1549.

[137] Lussier J G, R W Olshavsky. "Task Complexity and Contingent Processing in Brand Choice", Journal of Consumer Research, 1979, 6 (2): 154-165.

[138] Brown, P J, J D Bovey, X Chen. "Context-Aware Applications: From the Laboratory to the Marketplace", IEEE Personal Communications, 1997, 4 (5): 58-64.

[139] Akrivas, G, M Wallace, G Andreou, G Stamou, S Kollias. "Context-Sensitive Seman-tic Query Expansion", Proc. of the IEEE Interna-

tional Conference on Artificial Intelligence Systems, Divnomorskoe, Russia: IEEE Computer Society Press, 2002: 109 – 104.

［140］Lilien G L, P Kotler, S K Moorthy. Marketing Models, USA: Prentice Hall, 1992. 22 – 23.

［141］Dourish P. 2004. What we talk about when we talk about context. Persistent and Ubiquitous Computing, 2004: 19 – 30.

［142］Kukulska – Hulme A, Traxler J, Pettit J. "Designer-and user-generated activity in the mobile age", Journal of Learning Design, 2007, 2 (1): 52 – 65.

［143］Specht M. Learning in a Technology – Enhanced World, Open Universiteit, Heerlen, available at: http://hdl. handle. net/1820/2034.

［144］Giaglis G, Pateli A, Fouskas K, Kourouthanassis P and Tsamakos A. "On the potential use of mobile positioning technologies in indoor environments", eReality: Constructing the eEconomy, Bled, Slovenia, 2002: 413 – 28.

［145］Walsh A. "Quick response codes and libraries", Library Hi Tech News. 2009, 26 (5): 7 – 9.

［146］Tesoriero R, Gallud J, Lozano M, Penichet V. "Using active and passive RFID technology to support indoor location-aware systems", IEEE Transactions on Consumer Electronics. 2008, 54 (2): 578 – 83.

［147］Andrew Walsh. Blurring the boundaries between our physical and electronic libraries. The Electronic Library Vol. 29 No. 4, 2011 pp. 429 – 437.

［148］孔云, 廖寅等. 基于微信公众账号的图书馆移动信息服务研究 ［J］. 情报杂志, 2013, 9 (32): 67 – 71.

［149］王静, 周华等. 新媒体环境下高校图书馆移动信息服务微营销研究 ［J］. 图书馆建设, 2013 (10): 45 – 49.

［150］武龙龙, 杨小菊. 基于微信公众平台的高校移动图书馆服务研究 ［J］. 图书馆学研究, 2013 (9): 57 – 61.

［151］张骏毅，杨九龙，邓媛. "211 工程"高校图书馆微信应用现状分析与对策研究［J］. 图书馆学研究，2014（3）：29 – 34.

［152］陈盈. 微信公众平台及其在图书馆移动服务中的应用与研究［J］. 图书馆学研究，2013（10）：71 – 75.

［153］王保成，邓玉. 微信公众平台在国内图书馆服务中的应用实践研究［J］. 图书情报工作，2013，20（57）：82 – 85.

［154］张秋，杨玲，王曼. 高校图书馆微信公众平台服务发展现状及对策［J］. 图书馆建设，2014（2）：61 – 67.

［155］张蓓，窦天芳等. 开发模式下图书馆微信公众平台服务的设计与实现［J］. 现代图书情报技术，2014（1）：87 – 91.

［156］中国互联网络信息中心. 第 33 次中国互联网络发展状况调查统计报告［R］. 2014.

［157］陈婧俐. 日韩手机 QR 码服务模式［J］. 通信企业管理，2007（12）：56 – 58.

［158］Hicks A, Sinkinson C. Situated questions and answers: Responding to library users with QR codes［J］. Reference & User Services Quarterly. 2011, 51（1）：60 – 69.

［159］Kane D, Schneidewind J. QR codes as finding aides: Linking electronic and print library resources［J］. Public Services Quarterly, 2011, 7（4）：111 – 124.

［160］Walsh A. Blurring the boundaries between our physical and electronic libraries: Location-aware technologies, QR codes and RFID tags［J］. The Electronic Library, 2011, 29（4）：429 – 437.

［161］Ohigashi Oasay, L H. QR codes in the library［J］. Journal of Electronic Resources in Medical Libraries, 2011, 8（3）：294 – 301.

［162］Michelle Kelly Schultz. A case study on the appropriateness of using quick response（QR）codes in libraries and museums［J］. Library & Information Science Research, 2013, 35：207 – 215.

［163］MacDonald S. Implementation of QR codes at Indiana University's Fine Arts Library ［J］. Art Documentation：Journal of the Art Libraries Society of North America, 2012, 31 (2)：276 –284.

［164］李杰，徐勇等. 面向个性化推荐的强关联规则挖掘 ［J］. 系统工程理论与实践，2009，29 (8)：144 –152.

［165］余力，刘鲁. 电子商务个性化推荐研究 ［J］. 计算机集成制造系统，2004，10 (10)：1306 –1313.

［166］吕志芳、王怀阳等. 基于 MFP – Miner 算法的图书借阅数据关联规则挖掘 ［J］. 计算机系统应用，2008 (2)：90 –94.

［167］杨东风. 基于多兴趣度的图书借阅推荐系统研究与设计 ［J］. 信息技术，2011 (7)：118 –120.

［168］刘南艳，杨君锐. 多最小支持度下的关联规则及其挖掘方法研究 ［J］. 西安科技大学学报，2005，25 (4)：481 –485.

［169］熊拥军，陈春颖. 基于关联规则挖掘技术的数字图书馆个性化推送服务 ［J］. 图书情报工作，2005，54 (1)：124 –129.

［170］付爱英，曾勃炜等. 基于聚类的关联规则挖掘算法的研究及应用 ［J］. 通信学报，2006，27 (11)：177 –182.

［171］林郎碟，王灿辉. Apriori 算法在图书推荐服务中的应用与研究 ［J］. 计算机技术与发展，2011，21 (5)：22 –28.

［172］邓奇强. 基于 Disconnected Apriori 算法的图书馆书目推荐服务 ［J］. 图书情报工作，2011 (3)：109 –112.

［173］Adomavicius G, Tuzhilin A. Toward the next generation of recommender systems：A survey of the state-of-the-art and possible extensions ［J］. IEEE Trans on Knowledge and Data Engineering. 2005, 17 (6)：734 –749.

［174］YANG Yan, LI Jianzhong, KAN Zhongliang. The design and implementation of parallel digital library management system ［J］. Journal of Computer Science, 2005, 1 (2)：157 –163.

［175］孙博阳. 吴英梅等. 图书馆数字资源管理系统设计与实现——

以北京师范大学图书馆为例 [J]. 现代图书情报技术, 2005 (4): 77 - 80.

[176] 冯太琴. 基于 Web 的网上推荐图书系统——以北京化工大学图书馆网上推荐图书系统为例 [J]. 科技情报开发与经济, 2010, 20 (18): 1 - 3.

[177] 肖红, 肖静波. 基于 RSS 的高校图书馆推送服务系统的设计与实现 [J]. 情报杂志, 2009, 28 (3): 157 - 160.

[178] 林绮屏. 图书馆联机分析系统的设计与实现 [J]. 情报学报, 2002, 21 (5): 563 - 567.

[179] 吴萌, 李静. 基于用户情境模型的高校图书馆嵌入式集成服务研究 [J]. 图书馆工作与研究, 2013 (1): 63 - 66.

[180] 侯振兴, 崔虹燕. 数字图书馆个性化主动信息服务模型研究 [J]. 情报科学, 2013, 31 (3): 35 - 39.

[181] 钱玲飞, 汪荣. 基于 h 指数的 OPAC 数据分析及应用——以南京航空航天大学图书馆为例 [J]. 大学图书馆学报, 2012, 30 (2): 60 - 64.

[182] 朱碧静. 情境因素及认知观点对图书馆自动化系统运作成效之影响研究 [D]. 台湾中山大学, 2001.

[183] 楼锡锦, 沈黎勇, 林博峰. 大学生使用手机状况研究报告 [J]. 中国青年研究, 2009 (2): 74 - 76.

后 记

本书是在我的博士毕业论文基础上，结合江西省社科项目"'智慧图书馆'情境感知服务模型及应用研究"修改而成。

在本书完成之际，谨向给予我指导、关心、帮助和支持过的人们表示诚挚的谢意！特别是在攻读博士期间得到你们的关心、鼓舞和支持，更是让我心存感激。

我要感谢导师段隆振教授，本书的撰写是在段老师的指导下完成的，感谢段老师的悉心教诲，使本书能够顺利完成。段老师严谨的工作作风和诲人不倦的导师风范都给了我极大的帮助和影响，特别是在生活上对我的关怀和照顾及教导我待人处事的道理也令我毕生难忘。

感谢南昌航空大学经管学院的同事们。谢谢贾伟强、冯良清、黄蕾、王秀芝、周小刚、周叶等博士，你们如兄似姐，给予我努力向上的力量，言语难于表达思绪之万一；感谢乐承毅、李文川、张耀坤、陈林心、张薇等博士，你们传授的撰写及投稿经验，让我受益匪浅。

感谢家人，谢谢你们的鼎力支持和关爱，我爱你们！

本书的出版得到了江西省社会科学规划项目（16TQ07）、南昌航空大学"青年英才"计划、南昌航空大学创新创业课程培育项目（KCPY1638）及南昌航空大学科研成果专项资助基金的资助，在此表示感谢。书中的资料来源参考了大量国内外文献，并尽可能做了标注，特向相关文献作者表示谢意，如有个别文献标注遗漏，在此表示歉意。

由于本人的学识和能力有限，书中可能存在不足与谬误，敬请各位读者批评指正！

周玲元

2018 年 5 月